古都穿越指南

Published by arrangement with Thames & Hudson Ltd., London.
Text copyright©2013 Charles FitzRoy
Layout and series concept copyright ©2013 Thames & Hudson Ltd., London
This edition first published in China in 2023 by SDX Joint Publishing Company.
Beijing Chinese edition ©2023SDX Joint Publishing Company

苏丹伊斯坦布尔穿越指南

[英]查尔斯·菲茨罗伊 著

邱静 译

生活·讀書·新知 三联书店

Simplified Chinese Copyright © 2023 by SDX Joint Publishing Company.
All Rights Reserved.
本作品中文简体版权由生活·读书·新知三联书店所有。
未经许可，不得翻印。

图书在版编目（CIP）数据

苏丹伊斯坦布尔穿越指南／（英）查尔斯·菲茨罗伊著；邱静译．—北京：生活·读书·新知三联书店，2023.4
（古都穿越指南）
ISBN 978-7-108-07468-3

Ⅰ．①苏…　Ⅱ．①查…②邱…　Ⅲ．①土耳其－历史－18世纪　Ⅳ．①K374.3

中国版本图书馆 CIP 数据核字（2022）第 139211 号

责任编辑	李　佳	
装帧设计	刘　洋	
责任印制	张雅丽	

出版发行　生活·讀書·新知 三联书店
　　　　　（北京市东城区美术馆东街 22 号 100010）
网　　址　www.sdxjpc.com
图　　字　01-2019-5191
经　　销　新华书店
印　　刷　三河市天润建兴印务有限公司
版　　次　2023 年 4 月北京第 1 版
　　　　　2023 年 4 月北京第 1 次印刷
开　　本　880 毫米×1230 毫米　1/32　印张 6
字　　数　86 千字　图 92 幅
印　　数　0,001-3,000 册
定　　价　69.00 元

（印装查询：01064002715；邮购查询：01084010542）

目 录
CONTENTS

一 引言 / 2

二 城市概貌 / 9
加拉太和佩拉·七山和金角湾·于斯屈达尔·博斯普鲁斯海峡

自然灾害·火灾

三 当地居民与风俗习惯 / 26
服装·土耳其女人的魅力·伊斯坦布尔的家庭生活·重要的仪式

土耳其食物的美妙之处·土耳其浴场·医疗·性和奴隶

四 市场、咖啡馆和鸦片馆 / 48
市场和集市·贸易·咖啡馆、红酒屋和鸦片馆

同业公会·奥斯曼的货币制度·物价和税赋

五 苏丹、大维齐尔、大使和禁卫军 / 65
苏丹·大维齐尔·皇太后·大使·苏丹的禁卫军·军队和叛乱·法律和秩序

六 必看景点 / 87
阿亚索非亚(圣索非亚大教堂)·蓝色清真寺·竞技场·小索非亚清真寺·陆地

墙·卡里耶清真寺·鲁斯坦帕夏清真寺·卡加洛鲁浴场·苏莱曼清真寺·加拉太塔

七 托普卡帕宫 / *109*
第一庭院·第二庭院·第三庭院
哈来姆·哈来姆的异国情调·苏丹的后代·一些特别的人

八 穆斯林、基督徒和犹太教徒 / *131*
祈祷时的苏丹·清真寺·穆夫提和伊玛目·虔诚的基金会·大学和图书馆
死亡和葬礼·埃于普和朝圣之地·斋月和其他宗教节日·托钵僧和圣人
遗物和迷信·其他宗教

九 节日、烟火表演和博斯普鲁斯之旅 / *156*
苏丹喜欢那片海·游乐场所·节日·王子的割礼

作者按语 / *167*

地 图 / *168*

彩色插图来源 / *170*

一　引言

> 在我看来，其他城市也许会消亡，但只要地球上还有人类，这座城市将会永远存在。
> ——《君士坦丁堡的古迹》，彼得鲁斯·吉利乌斯，1561年

在地中海地区，没有任何一个地方的地理位置比美丽的伊斯坦布尔更受青睐。这座城市四面环水，俯瞰着分割欧亚大陆的宽广的博斯普鲁斯海峡，享有举世无双的地位。

伊斯坦布尔壮美的天际线。宏伟的清真寺遍布整个金角湾，欧洲部分的加拉太和佩拉位于画面的前景

一 引言

这里自古就被尊为圣地,拜占斯听从德尔斐神谕在此定居。公元前4世纪,君士坦丁大帝选择拜占庭城作为新都城,他的继任者建造了一座座宏伟的宫殿和教堂,特别是壮丽的圣索非亚大教堂(阿亚索非亚),令整个欧洲羡慕。在这座城市强大的防御工事后面,拜占庭帝王们安全地统治着一个延续了一千年的帝国。1453年,穆罕默德占领了这座城市,此后奥斯曼苏丹们一直统治着这里,并把它重新命名为伊斯坦布尔。他们不断地建设帝国都城,用大量亭子装饰他们最喜欢的宫殿托普卡帕宫,在那里享受哈来姆(后宫)的欢愉,在城里建造宏伟的清真寺、大学和浴场。

去往伊斯坦布尔需要经过漫长的旅途,你得穿过巴尔干平原,或者穿越爱琴海。从目前来看,海上的路线更有趣一些,但是船员可能喜欢增加一些兴奋感,讲述过去海盗如何突然在北非骗子里出现,扣住基督教的船只,掳走不幸的俘虏并将他们卖作奴隶。这样的故事会激发你的想象,毫无疑问你的脑海里已经满

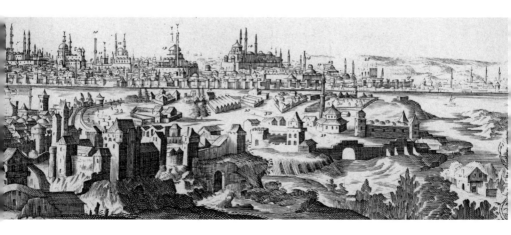

是伊斯坦布尔街头的生活：你怎样才能在熙熙攘攘的巴扎里买到任何想要的东西，从价值连城的珠宝到来自阿比西尼亚[1]的美丽黑人女孩；为什么城里最有权势的男人竟是保卫苏丹后妃的太监们。当你读这本书时，你会发现很多故事都是真的，至少在某种程度上是真的：你将学会如何在商店和市场以物易物，了解后宫禁地的秘密，知道去哪儿观看旋转的托钵僧，把自己带入忘形的状态，以及如何享受奇怪的沐浴习俗。

当这些想象充斥着你的脑海时，游船将绕过一片海岬，在你的眼前将出现令人难忘的圆顶和宣礼塔排列在城市的天际线上。今年，也就是 1750 年，是游览伊斯坦布尔的好时机。苏丹马哈茂德一世非常热衷于城市建设，他修建了一座座清真寺、学校、图书馆和怡人的喷泉，让他的首都更加光彩夺目。难怪大约三十多年前，时任英国驻奥斯曼帝国大使的妻子玛丽·沃特利·蒙塔古夫人[2]由衷地表示，从她的住所望出去，可以看到"港口、城市、苏丹的宫殿和远处亚洲的山峦，这一切构成了这世界上最美的景象"。

当游船靠岸，你准备上岸时，你也许想知道你将会受到怎样的接待。明智一些的旅行者可能会带上他们国家大使的介绍信，但是当局不太可能会找你麻烦，特别是你已经在几周前或至少几天前就越过了奥斯曼帝国的边境（从多瑙河到波斯，从克里米亚到阿尔及尔都是帝国的领土）。无论你是从事贸易还是外交工作，

---

1 Abyssinia，大概范围为现代的埃塞俄比亚。
2 Lady Mary Wortley Montagu（1689—1762），1716 年陪同丈夫爱德华出任英国驻奥斯曼帝国大使。1717—1718 年居住在伊斯坦布尔。

或者可能你是个爱冒险的人,你都应该去金角湾背面的加拉太和佩拉,伊斯坦布尔所有欧洲人都住在那里。

一旦找到合适的住处,你就要找一名好的向导或者翻译来帮忙。到达伊斯坦布尔以后的第一站,你应该拜访你所属国家的大使馆,使馆的工作人员也会建议你雇一名合适的向导,比如一名法纳尔希腊人(来自法纳尔郊区)。一名优秀的向导可以在许多方面发挥作用,他将是旅行顺利的关键。

> **土耳其的货币和小费**
>
> 这是一个复杂但非常有必要了解的问题。
>
> 土耳其最重要的硬币是库鲁什。它是一种当地通行的银币,曾经的价值相当于法国埃居,但现在没这么值钱。
>
> 1库鲁什等于40帕拉,1帕拉等于3阿克切。你不用了解阿克切,因为它没什么价值。
>
> 小额交易时你会用到帕拉,大一些的交易则会用到库鲁什。
>
> 请记住,无论到哪儿,给小费(当地人称为巴克舍什)都可以解决问题。如果不给的话,就意味着你几乎做不了什么事。
>
> 伊斯坦布尔假币很多,一定要仔细提防。
>
> (详情见第四章)

他可以帮助你解决语言障碍,因为土耳其语和你在欧洲使用的语言毫无关联;他可以给你解释土耳其的货币制度和小费习惯,在伊斯坦布尔这可是日常生活必不可少的。通过向导,你可以和当地人交流,从而了解当地人的生活,比如,他们不用刀叉怎么吃饭?女士们在家穿什么衣服?当地最有趣的节日有哪些?咖啡馆里最流行的话题是什么?

一名优秀的向导还可以帮你避免一些麻烦,比如,他会告

身着华服的法国大使和他的向导

诉你参观清真寺时的行为举止。他也会教你怎样避开苏丹的禁卫军,后者因为在大街上昂首阔步时自大傲慢而闻名。他们的行为会让你想起他们带领土耳其人来到维也纳城门前的情景,那一切还历历在目。你会了解到不要惹怒当权者是有多么重要。大约三十年前,苏丹一时兴起关押了非常重要的威尼斯大使。肯定会有人告诉你,不是所有人都能有幸挑选到合适的向导。例如,不久之前,詹姆斯·波特爵士[1]因为担心弄丢手中的紧急信息,就雇了一名随行翻译,结果他在一间房子里撞见他的翻译"正在和其他向导一起优哉游哉地打牌消遣"。但是,你也不用担心,本书的其他部分还会介绍一些关于向导的有用建议。

你还需要了解很多其他有用的信息。土耳其是一个伊斯兰国家,一定要时刻牢记,基督徒在这里基本上是二等公民。你的向导会跟你说明,公元622年6月15日,先知穆罕默德从麦加逃亡到麦地那,土耳其的年代也以此为基础计算。土耳其的日历是阴历,一年有12个月,一个月有29天或30天。一年有364天,

---

[1] Sir James Porter,英国驻奥斯曼帝国的大使。

一 引言

阿亚索非亚清真寺最初是拜占庭帝王建造的基督教堂

而不是 365 天。这就意味着，节日和纪念日的日期每年都会变，这可能会令人费解。伊斯坦布尔的气候总体上温和宜人、有益健康，但有点依赖风向。夏天，南风有时会带来非洲沙漠的滚滚热浪；到了冬天，北风可能会夹带着来自俄罗斯大草原的刺骨寒意。

大自然创造的世界之都。
——奥吉尔·吉塞林·德·布斯贝克，
神圣罗马帝国大使，16 世纪 50 年代

如果你想在游览伊斯坦布尔之前了解它的历史，迪米特里·坎特米尔[1]的《土耳其人历史》就是标准读物，这本书已经被翻译成欧洲的几种主要语言。坎特米尔本人的生活非常冒险刺激。他出生在摩尔达维亚，之后移居伊斯坦布尔，生活了很多年之后叛逃到俄罗斯。当彼得大帝被土

1　Dimitrie Cantemir（1673—1723），摩尔达维亚文学家、哲学家、史学家。

伊斯坦布尔简史

公元前660年,拜占庭人建立了这座城市,它位于马尔马拉海和金角湾之间,俯瞰博斯普鲁斯海峡,是绝佳的防御之地。

那时的拜占庭城极大地得益于欧亚之间的所有内陆贸易,以及从博斯普鲁斯到黑海的船运。

公元330年5月11日,君士坦丁大帝在竞技场的一个庆典上宣布这个城市为罗马帝国的新都城,并更名为君士坦丁堡,信奉新创立的基督教,官方语言为希腊语。

此后一千年间,拜占庭帝国始终是地中海世界最伟大、最富裕的国家。

1453年,穆罕默德二世(后来的"征服者")率领的奥斯曼土耳其军队,围城6个星期后,发起猛烈攻击并占领了这座城市。

16世纪,苏莱曼大帝领导下的奥斯曼帝国成为世界上最伟大的国家。苏莱曼御用建筑师锡南(参见第六章)建造了城里很多漂亮的清真寺。

自从1683年的维也纳围攻失利之后,奥斯曼帝国不断衰落。但是,时任苏丹马哈茂德一世和他的前任艾哈迈德三世仍然继续美化都城,建造了许多新的建筑和喷泉。

耳其人打败,坎特米尔害怕土耳其人会因为他的叛逃而惩罚他,就藏在沙皇的马车里逃走了。

二 城市概貌

她（伊斯坦布尔）所展现的前所未有的"希望之美"，让她成为"快乐之地"和"自然的天堂"。

——《关于奥斯曼帝国现状完整而合理的描述》，艾伦·希尔，1710 年

你刚到伊斯坦布尔的最初印象可能是，这里的生活和你以往所经历的一切多么不同。虽然在金角湾北边的加拉太和佩拉地区很容易找到住处，伊斯坦布尔的所有欧洲人都住在这两个地区，但其他很多方面还是完全陌生的。首先，毫无疑问，你要在城里随意地逛一逛。你的住所将配备土耳其仆人，很有可能还有禁卫

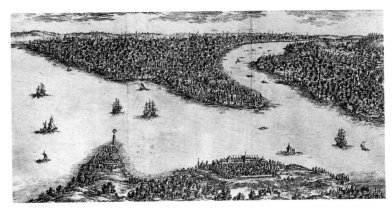

从于斯屈达尔眺望博斯普鲁斯海峡对岸伊斯坦布尔的鸟瞰图

军[1]（见第五章），当你冒险外出时，他们总有一个人会陪着你。你也会有一位向导，他可以在你和当地人沟通时充当翻译。他们将会得到小费，就和其他很多人一样，这是土耳其人生活中的一个重要特色。18世纪20年代，法国驻伊斯坦布尔大使维尔纳夫侯爵曾评论说，他需要准备"一些小礼物和讨喜的东西，它们在这里所有的交际中都必不可少，也被认为是表示尊敬的行为……一旦你结识某个人，那么小需求就会接踵而来"。

你很快就会发现你有多么依赖向导。伊斯坦布尔不是一个你可以随处走动的城市。和向导成为朋友至关重要，这样他就可以带你去逛集市，还可以在你想买东西的时候帮忙砍价。如果你想参观著名的清真寺，也需要你的向导帮忙安排。它们是伊斯坦布尔的一大亮点，但理论上不对非穆斯林人群开放。在城里一些比较危险的地方，向导也可以保护你。众所周知，外国人在这里会遭受侮辱，甚至在极少数情况下还有当地人向外国人扔石头。

你很快会发现伊斯坦布尔的一个特点就是，这个城

> 君士坦丁堡港口位于两个海域交汇处，是世界上最宽阔、最美好、地理位置最优越的港口。不论刮什么风，人们总可以看到船只穿梭出入两个海域。
> ——《穿越欧洲、亚洲以及非洲部分地区的旅行》，奥布里·德·拉·莫特雷[2]，1730年

1　janissaries，土耳其苏丹的禁卫军。
2　Aubry de La Motraye（1674？—1743），旅行家，出生于法国，定居于英国。1696年开始旅行，多次访问奥斯曼帝国。

市的不同地区有多么地不一样。每一个地区都以一座宗教建筑为中心,你可以通过清真寺、基督教堂、犹太教堂各具特色的建筑风格来判断,自己是在穆斯林、基督教徒还是犹太人生活的地区。除此之外,你将会认识到,虽然伊斯坦布尔所有街道都没有铺砌砖石,似乎夏天到处尘土飞扬,冬天泥泞

东方一直是西方艺术家创作的永恒主题。这幅画中,让·艾蒂安·利奥塔描绘了一位法国夫人和她戴着面纱的女奴

不堪,但是土耳其人聚居区的街道就比希腊人、亚美尼亚人和犹太人聚居区的街道更宽阔、更干净。而且,土耳其人的街道也常常弥漫着鲜花的香味,因为土耳其女人待在家里的时间非常多,她们会用种满康乃馨、玫瑰和天竺葵的窗台花盆装点房屋外部。

虽然从每个居住区传来的声音都差不多——沿街小贩出售商品时的叫卖声,搬运工穿过拥挤的街道时的叫嚷声,咖啡馆里西洋双陆棋棋子让人放松的啪嗒声,几只狗争夺小块食物的咆哮声,但是在穆斯林聚居区你可以很快听出清真寺传来的宣礼声。

很快你还会发现,一些居住区有着非常独特的气味。其中,最臭名远扬的是耶迪库勒,它紧邻马尔马拉海附近宏伟的陆地墙,还有一座与其同名的城堡(一般被称为七塔城堡),这里散发着令人厌恶的气味。耶迪库勒是制革厂所在地,整个地区弥漫

着腐烂的动物尸体的恶臭,还混合着小便和皮革的味道。制革工人似乎对成堆的羊毛和羊皮令人厌恶的样子和气味无动于衷,他们光着膀子工作,身上血迹斑斑。一群群以腐肉为生的野狗在废弃的垃圾堆里翻找残羹剩饭。难怪很少有外来人敢来这里,当局政府也避开这个地区——这就是为什么有传言说这一带藏着逃避法律制裁的小偷和杀人犯。

加拉太和佩拉

> 花园、松柏、宫殿、清真寺和公共建筑混合在一起,层层叠叠,高低错落,令人赏心悦目。
> ——《来自黎凡特的信件》,沃特利·蒙塔古夫人,
> 1716—1718 年

近年来,伊斯坦布尔周边建起了许多美丽的喷泉式饮水处,图中是佩拉地区的一个饮水处

位于金角湾北部的加拉太和佩拉地区是你可能居住的地方。拜占庭时代，热那亚人和威尼斯人将这里作为他们主要的贸易基地，此后的几个世纪，这里都是欧洲人的聚居地。这两个地区是远离政府中心的独立飞地［佩拉也被叫作贝尤鲁，这个名字来自威尼斯驻伊斯坦布尔大使的头衔"巴以罗"（Bailo），其府邸是这个地区最宏伟的建筑］。这里也是奥斯曼政府允许异教徒建造房屋的地方，所以外国大使馆都坐落于此。很快你就会了解这两个地区，它们挤满了诱人的商店和嘈杂的小旅馆，这些旅馆向从托普哈内港口回来的水手们提供餐食。穆斯林不能喝酒，至少在公共场所不能喝，所以这些小旅馆就是城里买酒的最佳场所。如果你晚上在加拉太和佩拉地区闲逛，还可以看到守夜人在街上巡逻，准备逮捕那些因醉酒打架的人。

七山和金角湾

在开始游览伊斯坦布尔之前，你可以从你在加拉太和佩拉地区的住处获得对这个城市良好的整体印象。金角湾就在你的眼前；日落时分，水面上金光灿灿，金角湾这个浪漫的名字由此而来。金角湾是博斯普鲁斯海峡上的一个小港湾，也是世界上伟大的自然港口之一。它形似号角，向内陆延伸约6.4公里，在有些人的想象里，它的形状更像一把弯刀。曾经有一条巨大的铁链保护着港湾的入口。1453年，这道屏障甚至抵御了强大的征服者穆罕默德，这位无所畏惧的苏丹命令他战无不胜的士兵拉着他的战船绕过加拉太山，到达金角湾。半个世纪之后，巴耶济德二世委托当时意大利最有才华的艺术家和科学发明家列奥纳多·达·芬奇，在金角湾建造一座213米的单拱桥。但是，就像达·芬奇其他许多精彩的设计一样，这个令人震惊的野心勃勃的计划最后从未实施过。

　　穿过金角湾，对面就耸立着古老的伊斯坦布尔的七座山。拜占庭人认为自己是古罗马人的后代，因此，对于他们来说，君士坦丁堡像罗马一样建在七座山上具有重要的象征意义。在你的眼前排列着一连串圆顶和宣礼塔的壮丽轮廓。伊斯坦布尔古城建在最东边的山上，北边被金角湾环绕，东临博斯普鲁斯海峡，南临马尔马拉海，地理位置无可比拟。这里有托普卡帕宫、圣索非亚大教堂、蓝色清真寺、竞技场（第六章都会描述）等许多伊斯坦布尔最重要的名胜古迹以及一些具有异国风情的街道，比如浓密胡子大道、流汗络腮胡大道、黑色地狱易卜拉欣大道和白色八字胡大道。

　　第二座山也很有意思。它是伊斯坦布尔的商业中心，挤满了商店和市场，它们是这个城市迷人的特色。再往西，第三座山上高高耸立着围绕苏莱曼尼耶（苏莱曼大帝清真寺）的壮丽建筑群。雄伟的罗马瓦伦斯水道连接了第三座山和第四座山。征服者穆罕默德的清真寺被称为法提赫清真寺，建在第四座山的山顶上。冷酷者塞利姆一世的清真寺在第五座山的山顶。在远处，你可以依稀看到第六座山上米赫丽玛赫苏丹清真寺的宣礼塔，它由苏莱曼苏丹最喜爱的女儿建造。

　　如果现在你想开始步行游览伊斯坦布尔，你得确定脚上的鞋子足够结实，那些山丘远比第一眼看起来陡峭得多。从加拉太穿

二 城市概貌

托普卡帕宫外这座精致的喷泉是由艾哈迈德三世建造的

过金角湾,你会看见一些美丽如画的市场,一眼望不到头的船队在卸载鱼和水果蔬菜;小贩将商品卖给不断从形状各异、大小不一的船只上下来的乘客们,现场人声鼎沸,一派狂热的景象。你可以从那里出发,在导游或是向导的帮助下,去参观本书第六章和第七章里介绍的一些必看景点。如果你想随时休息,每个地区都有许多咖啡馆欢迎你去放松一下。这些咖啡馆一般都设在由迷人的喷泉占据的广场上。在咖啡馆里,你会发现当地人(当然,只有男人)一边喝着咖啡玩着游戏消磨时光,一边闲聊交流消息和八卦。

如果你比较懒散,那就乘船去金角湾。你可以很容易地在加拉太海滨找到可供租用的游船。你的船夫会倚靠在舒适的垫子上，轻松熟练地出发向上游划去。不一会儿你就会经过右手边的卡瑟姆帕夏丘陵地区，眺望特桑兵工厂。这座兵工厂是一个巨大的海军基地，由众多造船厂、火药库、军火工厂组成，四周高墙环绕。这里曾经停靠了120艘大帆船，船员是被捕的基督教奴隶，他们一辈子就在船上划桨。遗留下来的那些船只非常壮观，雕刻的船头高耸向上，船上挂着金色的灯笼和红色的旗帜。

金角湾再往西一点的地方是哈斯柯伊，这个拥挤的地区住着许多正统犹太教徒，包括西班牙或葡萄牙籍犹太人以及来自欧洲中部的德系犹太人。在你的左边岸上是法纳尔，这个名字来源于被称作法纳瑞恩门的灯塔门。几个世纪以来，法纳尔都是伊斯坦布尔的希腊人聚集地。很多被称作法纳尔人[1]的希腊人已经变得很富有，整个地区满是他们豪华的宅邸，建得像拥有高墙和铁门的城堡一

奥克梅丹

这个地方因为射箭场而得名，苏丹们都喜欢在这里用弓箭检验自己的高超技艺。

它位于比特桑兵工厂更高的山坡上。

现在你仍然可以看到那个雅致的亭子，弓箭手们曾经在那里瞄准箭靶，上面还有庆祝他们最出色成绩的标记。

这里是当地人在节日期间最喜欢的一个聚集地——几年前，为了庆祝艾哈迈德三世的儿子们的割礼，一大群人在这里享受了一场盛宴。

当发生瘟疫和地震时，这里也是一个集合点。

冬季下雪时，大维齐尔带着特遣队赶到这里，他们的任务是将雪铲起堆成冰窖，用以承担冷冻饮料的重要功能。

1　Phanariot，奥斯曼帝国时期居住在伊斯坦布尔的希腊人，往往担任土耳其重要神职及官职。

样。虽然法纳尔人保留了自己的宗教信仰，但是他们忠诚地服务于奥斯曼帝国。其中最成功的是靠自己成为王子的那些法纳尔人，他们统治着多瑙河沿岸遥远的瓦拉几亚省和摩尔达维亚省。法纳尔希腊人一直向政府或外国大使馆提供向导或翻译，如果你遵照本书的建议，很可能已经雇了一名法纳尔人。他们担任的主要职务是高门（即土耳其政府，此名来自于大维齐尔的宫殿及办公室"崇高之门"）的首席向导，这个职位掌握着政府高层特别是大维齐尔和外国人之间交流的信息。对于无良之徒，这是接受贿赂和晋升许诺的好机会，无疑可以帮助首席向导积累巨额财富。

这个地区一些古老的教堂有着令人着迷的历史，特别是蒙古人的圣玛丽大教堂，教堂的名字来自于一位拜占庭皇帝的私生女。13世纪晚期，她被派去蒙古国与大可汗结婚，并且在波斯和他幸福地生活。大可汗去世以后，她回到君士坦丁堡，作为修女在这个教堂度过余生。

金角湾的这一边证实了伊斯坦布尔的国际化和多元化特色。法纳尔的西边是犹太人聚居的巴拉特区，它的名字来源于宫殿（palation 或 palace）的一个变体，因为这个地区曾是拜占庭的布拉切尼宫所在地，宫殿建在一座著名的喷泉旁边，自古以来人们就相信这座喷泉具有神奇的力量。再往金角湾上游一点的地方是埃于普地区，对于所有穆斯林来说它是一处圣地（参见本书第八章）。非穆斯林在这里不是特别受欢迎，所以如果你想去游玩的话要特别小心。

金角湾最美的景点是被称作"欧洲甜水河"的上游源头，当地人会在夏季的几个月蜂拥至此游玩。日落时分，这里的景色美丽壮观，是一天中最佳的游览时段。奥斯曼帝国最后一任苏丹在其统治时期建造了一个叫作"萨阿达巴德"的神奇地方，并在其美丽的宫殿和花园里举办奢华的宴会。虽然随着艾哈迈德三世下台，很多宫殿被毁，但遗留下来的这些足以向你展示萨阿达巴德曾经的壮丽辉煌。

于斯屈达尔

> *他们看起来像狮子一样凶猛，随时准备着把法兰克[1]撕成碎片。*
>
> ——巴尔的摩勋爵在《东方之旅》一书中
> 对于斯屈达尔居民的评价，*1767 年*

广阔的于斯屈达尔地区曾是古希腊克里索波利斯城的所在地，它位于博斯普鲁斯海峡的亚洲一侧，非常值得一去。相比海峡对岸的伊斯坦布尔市中心，它保留着更加浓厚的乡村氛围。每个月会有商队从遥远的波斯和叙利亚的城市来到这里，那是最激动人心的时候，数百只骆驼和骡子载着地毯和小毯子、香料和香水、奴隶和黄金。观看商队的最佳地点是放鹰者广场，你的游船将在那里靠岸。更有意思的是每年观看前往麦加的朝圣者启程（参见本书第八章）。这是人们大为兴奋的时刻，一大群人聚集在

---

[1] 土耳其人把欧洲人称为法兰克（Frank）。

二 城市概貌

位于于斯屈达尔的新皇太后清真寺是 18 世纪以来修建的最了不起的建筑之一

一起送别朝圣者的大篷车,哭泣的女人们拥抱着爱人,圣人们祈祷旅程顺利,玩杂耍的和马戏团杂技演员在周围表演,乐师们则让人群更加喧闹。

拥有丰富作品的建筑师锡南于 16 世纪在这里建造了一些他设计得最好的清真寺,值得一提的是他为努尔巴努苏丹[1]建造的华丽的老皇太后清真寺,这位非常强大的女性是当时奥斯曼帝国的实际掌权者。奥斯曼帝国的最后一位苏丹艾哈迈德三世非常喜欢这个地区,他采用深受法国建筑影响的华丽风格在这里建造了一些著名的建筑。放鹰者广场上有一座漂亮的喷泉,附近就有艾

---

[1] 努尔巴努苏丹(Nurbanu Sultan,1525—1583),本名西西莉亚·威尼亚-巴佛,是奥斯曼帝国苏丹皇太后,出身威尼斯贵族。在 1574 年至 1583 年间,是奥斯曼帝国的实际掌权者。

哈迈德三世为其母亲修建的新皇太后清真寺。"少女塔"是一座灯塔,距离岸边只有180多米,它是对过往的浪漫纪念,名字来源于一位曾经被囚禁在这里的公主。

　　于斯屈达尔的地理位置让它深受土耳其人喜爱,他们对来自安纳托利亚腹地的祖先有一种亲近感,都愿意在死后埋葬在城市的这片区域。最受欢迎的埋葬地是卡拉贾艾哈迈德大墓地。在于斯屈达尔的南部、马尔马拉海之中,坐落着王子岛。拜占庭王朝将失去王位的皇帝和皇后流放到这些岛上,许多身份显赫的人物后半辈子就在这里惆怅地隔海眺望他们曾经统治的城市。虽然相比城市里的生活节奏,这些岛屿给人平静安宁的感觉,但是岛上有一些偏僻的地方,据说在那些地方放荡不羁的当地人以为非作歹而闻名。

> (土耳其人)去这些只有希腊基督徒居住的(王子)岛上,是为了轻松地四处喝酒。喝醉以后,他们头脑发热,尽其所能地胡作非为。
> ——《君士坦丁堡的晚期旅行》,纪尧姆·约瑟夫·格勒洛,1683年

博斯普鲁斯海峡

　　沿着博斯普鲁斯海峡泛舟而上是最令人愉快的短途旅行(见本书第九章)。这条狭窄的海峡全长32公里,从黑海奔流到地中海,分隔了欧洲和亚洲,水流湍急,变幻莫测。

博斯普鲁斯海峡丰富的历史与神话故事相互交织。"牛渡"是许多传说故事的灵感来源，这个名字来源于宙斯的情人女神伊娥，传说宙斯为保护她免受妻子赫拉的伤害，就把她变成了母牛。伊阿宋和阿尔戈勇士就是沿着博斯普鲁斯海峡航行寻找美丽的金羊毛。公元前5世纪，正是在这片水域，波斯国国王大流士和薛西斯看着他们庞大而似乎无敌的军队在向希腊发起不幸的侵略时行进通过船桥。几个世纪之后，查士丁尼的大将军贝利萨留斯不满足于在陆地上打败国王的敌人，在博斯普鲁斯海峡进行了一场激烈的战斗。一千年以后，法国人佩特鲁斯·吉利斯讲述了他在那不祥的水域遇见巨鲨时恐惧不已的情形。

如今的博斯普鲁斯海峡似乎呈现出更加宁静平和的景象，但是它美丽的景色也有比较黑暗的一面。每年都有船只在它湍急的水流中相撞。有传言说，哈来姆的一名夫人激怒了苏丹或者他的一个宦官，就被缝进麻袋里，夜晚从船上被扔到旋转的水流中，她赤裸的身体"只有海浪的蓝色薄纱作衣服"。

> 博斯普鲁斯海峡用一把钥匙自由出入两个世界、两个海域。
> ——佩特鲁斯·吉利斯

游览博斯普鲁斯海峡最好的方式就是从金角湾入口雇一只轻帆船。这些精致的小船用抛光的山毛榉木板造成，行驶速度快得惊人。还没等你在一堆垫子上舒服地坐好，窄窄的小船就已经掠过水面，快速地超过一众短桅帆船、三桅帆船、单人小艇、木筏，这些小船从黑海运来金属、

乘一只小船去往博斯普鲁斯海峡是最惬意的短途旅行

毛皮和冰块,从南安纳托利亚运来珍贵的明矾,从伊朗运来丝绸。泛舟博斯普鲁斯海峡,你还可以轻松愉快地一睹美丽优雅的海滨住宅(yali),它们用珍贵的纺织品和陶瓷制品装点,整齐地矗立在岸边(见本书第九章)。

自然灾害

> 佩拉地区的三大危险是瘟疫、火灾和翻译。
> ——传统谚语

伊斯坦布尔位于地震带的中心,你会经常听到地震发生的消息以及它们造成的破坏——摧毁所有街道,将树连根拔起,引发灾难性的洪水。1509 年,伊斯坦布尔的一场非常严重的地震整整持续了 40 天,造成了大规模的破坏。就在五年前,一场暴风雨侵袭了整个城市，摧毁了位于卡瑟姆帕夏地区的 200 栋房子。大雨从天而降，带着咸味，这一现象如此奇怪，促使"有洞察力的人们祈求上帝的宽恕"。我们甚至听说，闪电击中火药库引起严重的爆炸。对于这些自然灾害，土耳其人似乎听天由命，他们相信如果这是真主的旨意，那就必须顺从地接受。

对于变化无常的天气，土耳其人也一样沉着冷静。假如你计划在伊斯坦布尔过冬，如果你可以买得起的话，就得把自己暖暖地包裹在毛皮大衣里，因为冬天有时会有暴风雪，甚至河流和泉水都会结冰。如果你经历了一场冰雹，你可能会看到"和脚一样大的"冰雹块。冰雹可能极具破坏性，以至于屋顶上的瓷砖被撕下，木板从房屋上掉落，博斯普鲁斯海峡水面的船都被掀翻。

比暴风雪和地震更可怕的是瘟疫，它频频在伊斯坦布尔暴发，远比在西欧地区频繁得多。苏丹和他的家人并不比他的臣民更具免疫力，因此一旦有瘟疫暴发的迹象，他们就会离开伊斯坦布尔。毫无疑问，他非常清楚地记得，1598 年，穆拉德三世的 19 个女儿如何死于一场特别严重的"死亡天使"疫情暴发。一旦有传言说新的传染病暴发，成千上万的人就会和苏丹一起逃离伊斯坦布尔。似乎只有因医疗技术著称的希腊人会留在城里治疗感染瘟疫的患者，就像法国旅行家盖斯先生所描述的，"在君士坦丁堡照顾病患的希腊女人们只需要白兰地来抵挡疫情，她们在一天中经常在喝酒"。

火　灾

　　另一个常见的危险是火灾。大概三十年前，沃特利·蒙塔古夫人注意到，伊斯坦布尔大多数家庭都曾有一次甚至两次眼睁睁地看着自家房子被烧毁的不幸经历。土耳其人应对此类灾害的冷漠和镇定令她感到惊讶。火灾的爆发常常是由当地人的取暖方式引起的。他们把坦都——一种筒状泥炉放在地上，用一盆带着热炭灰的木炭加热，然后在上方铺一层棉被保温。可想而知，这样多容易发生火灾。土耳其人的房子并不能御寒，因此这些坦都非常流行，也极其危险。

　　当局非常清楚火灾的危险性。你可以看到城里遍布着瞭望塔，夜间巡逻队也负责留意并处理火灾。苏丹们颁布了许多法令强制伊斯坦布尔居民使用石头、石灰、泥土来代替较廉价的木头盖房子，以此减少火灾发生的可能性。对于商铺来说，火灾可能是致命的打击。如果你住在加拉太，你会注意到外国商人喜欢用石头建造仓库。

　　如果你不幸遭遇火灾，那真是非常可怕的景象——整条整条的街道都被烧毁，房屋倒塌成为一堆冒烟的废墟，燃烧的木头碎片在风中飘散。由于木制房子的盛行，这座城市就像一个打火匣。一旦起火，狭窄的街道增加了火势蔓延的危险，而且风向还经常改变。如果火势凶猛，成千上万的房子就会在几个小时之内化为灰烬。面包房和浴场每两到三个月会接受一次检查，但还是特别容易着火。有时候，火灾发生在一条漂流进港的船上，让岸边的房子陷入熊熊烈火。

当火灾爆发时，有人发出信号并发射大炮，炮声的数量表明火灾发生的地区。一组年轻敏捷、身着轻装的消防队员就会迅速地从加拉太或者金角湾入口的两座塔中的任意一座出发，这取决于哪座塔离火灾现场比较近。消防队员带着斧子、长钩杆、皮桶和手提水泵，有一些肩上还扛着像小盒子一样的原始消防车。这种消防车是由一名法国工程师最近发明的，他皈依伊斯兰教，取名戈塞克·达伍德。消防队队长负责调遣消防车，并有权决定发射大炮炸毁危险的房子。

苏丹本人密切关注消防工作。因为火灾发生频繁，伊斯坦布尔制订了火灾爆发时要遵照实施的行动方案。这个方案在一份报告中有比较详细的记录。当卫兵收到火灾的消息，会马上通知总管太监，后者直接来到苏丹的住所，向夜里轮流值守的五名宫女讲明情况。其中一名宫女戴上红色头巾（起火的信号）进入苏丹的卧室。苏丹醒来，一看到红头巾，就会马上询问起火地点，并穿上衣服带上随从赶往起火地点。

三 当地居民与风俗习惯

> *我居住的地方完美地展示了巴别塔的样子……我的马夫是阿拉伯人；仆人有法国人、英国人和德国人；护士是亚美尼亚人；管家是印度人；禁卫军是土耳其人。*
>
> ——沃特利·蒙塔古夫人

伊斯坦布尔是一座国际化的城市。在这里生活，你想不到究竟可以遇到多少个不同国家的人。首先是土耳其人。你应该以为，你的欧洲同胞们已经努力了解过他们的东道主，特别是那些在这儿生活了好多年的人，但实际情况似乎并非如此。所有人都知道，土耳其人总体是温和自制的，但是大多数人认为这是个缺点，他们将土耳其人的消极行为看作是傲慢专横，或是宿命论和冷漠的表现。而且，这种消极被动的状态和土耳其人历来在战争中表现出的好斗和残暴并不一致。

因此，很多西方人对他们的东道主评价并不高。就在去年，英国大使傲慢地假设，在这里不可能找到一个"公正且见多识广"的人，而这位大使的主要任务就是和土耳其人及他们的政府培养良好的关系。不足为奇的是，许多土耳其人不看好欧洲人，公开地把他们称作猪、异教徒和亵渎者。实际上，跟随欧洲人的

三 当地居民与风俗习惯

向导都穿着特别的服装和黄色的鞋子，以免受到当地人的攻击。对于土耳其人来说，欧洲人就是猪倌，佩拉地区也被无礼地称为"猪栏"。

欧洲人通常被土耳其人称作法兰克人，这表明数百年来法国人在欧洲与奥斯曼帝国的贸易中占据着主导地位，而且法国国王是苏丹最亲密的盟友。但是，尽管欧洲人与土耳其人开展了大量贸易，他们并没有尝试学习土耳其语，也没有试图了解土耳其的文化和宗教。

禁卫军喜欢穿戴最奇特的服装和头饰

你会在伊斯坦布尔大街上遇到很多希腊人，而且你将很快学会通过他们外向的表达方式和自然的肢体语言认出他们。希腊人拥有天生的智慧，是活泼有趣的伙伴。当你看到两个人在街上争执，他们很可能就是希腊人，因为希腊人最喜欢的莫过于一场痛快的争论。人们普遍认为他们是花言巧语的家伙，擅长以物易物。英国旅行家詹姆斯·波特爵士曾经评价他们"手指灵巧正如他们天资聪慧"。很多游客喜欢希腊女人，她们走路的姿势古典优雅，但是对穿着打扮却有着奇怪的想法，盛夏时节还穿着带有金色刺绣的黑色天鹅绒长裙。

亚美尼亚人更加严肃庄重，他们个子高、肤色浅，身形较胖。他们穿得像土耳其人，所以更不容易被辨认出来。和希腊人一样，亚美尼亚人以诚实和擅长经商闻名，欧洲人有句谚语就是说他们天生精明。亚美尼亚人也是最好的马夫，而且他们非常喜欢马，但是土耳其人对此并不那么恭维，还把他们称作是"帝国的骆驼"。

犹太人是另一个以精明的商业头脑著称的种族。沃特利·蒙塔古夫人对此曾有评价，还把犹太人的精明和土耳其人的普遍冷漠进行对比。她描述了犹太人如何成功地把"整个帝国的贸易掌握在手，这一方面是通过他们自身坚定的团结，一方面是利用了土耳其人懒散的脾气和对工业的需求……即便是对自己的技巧有自知之明的英国、法国和意大利商人，也被迫将他们的生意委托给犹太人打理"。

除了奴隶，最底层的劳动者都是涌入伊斯坦布尔的移民，是从奥斯曼帝国各个地方过来寻求出路的穷人。他们往往从事无须特殊技能的工作，你在城里看见的搬运工人和船夫很多都是最近从帝国各行省过来的。

服　装

当你在街上闲逛时，你会惊叹于人们身上服装的异域特色和令人眼花缭乱的样式。政府曾经试图在许多场合劝说市民不要穿得太过华丽，但是没有人遵守。土耳其人把他们的衣服看作是表明自己身份地位的一种方式：地位越高，穿得越华丽。他们追随苏丹的穿着，苏丹及大维齐尔是唯一穿金银丝线刺绣网眼衣服的

三 当地居民与风俗习惯

土耳其人。因此,土耳其的贵族以穿着最华丽面料制作的衣服而骄傲,这些面料包括天鹅绒、塔夫绸、丝绸、缎子、织锦、棉布。只有苏丹会穿贵得出奇且很难买到的黑狐狸毛衣服,而高层官员则满足于紫貂皮或者白鼬皮做的衣服。

工匠们常常身着特别的服装,比如清洁工穿着红色皮质工作服。也许最引人注目的服装是形状各异、大小不一的包头巾。高门的首席

运送苏丹包头巾的人在侍候苏丹穿衣的冗长复杂的过程中发挥了重要作用

向导当然是唯一戴毛皮包头巾的官员,除此之外,人们很难从这个重要的头饰来辨别奥斯曼统治集团里的所有不同阶层。你会发现通过观察裤子和拖鞋的颜色来分辨人们的种族要容易得多,土耳其人穿红色、黄色或白色的,希腊人穿黑色的,亚美尼亚人穿紫色和蓝紫色的,犹太人穿天蓝色的。

一位奥斯曼的绅士希望自己在公共场合表现出最好的状态。他身穿一件卡夫坦[1],冬天加上毛皮作内衬。在卡夫坦里面,他会穿一件颜色鲜艳的宽松长袍,系着皮带或者布腰带,手里通常拿

1　caftan,一种长袖的长袍外衣。

着文件、钱袋或者匕首。在长袍里面，他会穿一件简单的衬衫，再里面是棉质坎肩以及在膝盖下方或脚踝处束口的衬裤。这位绅士会脚穿皮质或是布制的拖鞋。如果他出门上街则会穿厚重的皮鞋，如果他要骑马就会穿宽松的黑色靴子。

当你在街上看见一名土耳其女人，她总是穿着费拉斯，一种飘逸的长衫，通常由英国布料制成。这种长衫是用来把更好的衣服藏在里面，当然也把女人的身体藏起来。她的脸上戴着亚斯马克，这种用优质平纹细布制作的头巾遮住脸庞，只露出眼睛和鼻子。亚斯马克外面再戴一层黑色面纱（或称作佩切），近年来这层面纱越来越透明，令政府恐惧不安。当局认为女人是潜在的挑衅因素，并针对面纱制定了各种各样的规定，但都收效甚微。穆斯林女人还穿着醒目的黄色鞋子，不像非穆斯林的女人总穿黑色或是深色的。

相比这些死气沉沉的衣服，土耳其上流社会的女人在家里的穿着可谓绚丽多彩，但是你不太可能有机会看到。她们身穿布尔萨[1]优质织锦做的宽大的裤子，面料是锦缎或丝绸，上面还绣着花；上身穿着宽松的缩口袖长衫，并用宝石系紧领口。另外，她们还经常穿着马甲和卡夫坦。在冬天，如果有条件的话，她们也像男人一样身着皮草。她们脚上穿柔软的摩洛哥小山羊皮拖鞋。土耳其女人不仅仅满足于这样精致的衣橱，她们还喜欢在衣服上镶满装饰。腰带上有时镶着钻石搭扣，睡帽上也缝着钻石，甚至

1　土耳其西北部布尔萨省省会。位于丝绸之路上，自中国传入蚕桑，被誉为"丝绸之城"。

有些家居物品上也镶满珠宝。

贫穷的女人们买不起这样华丽的服饰,就用刺绣代替珠宝,但也有一些人奢侈地用金币装饰头巾。这些女人通常身穿长裤和宽袍,在家可能光着脚,但出门会穿上拖鞋和套鞋。本世纪初来到伊斯坦布尔的英国旅行家艾伦·希尔曾刻薄地描写过她们的穿着,他写道:"那些吝啬一些的人光着腿,腰间缠着紧身衣,头上包着脏兮兮的头巾。"

> 买下我吧,我的主人。
> 带我走吧,如果您觉得我能取悦您,
> 或者,如果您怀疑我是假币或伪钞,
> 请把我送给谢拉弗(货币兑换商)验证。
> ——18世纪土耳其情歌

土耳其女人的魅力

穆斯林女人冒险外出时把自己包裹起来,这倒增加了她们的诱惑力,她们是所有欧洲人特别是男人们深深迷恋的对象。如果你在街上跟着一个女人,她身穿长袍戴着面纱,只露出双眼,你可以天马行空地发挥想象力。也许你在跟随一位丰满的主妇,她拥有漆黑的大眼睛和丰满的双唇,或者是一位身材苗条的年轻女子,她拥有纤纤细腰和完美无瑕的皮肤。有些爱说三道四的人推测,一个女人身份不明就意味着她拥有无尽的机会沉溺于不正当关系。那些人坚持认为,一个女人开始进入一段这样的关系就会穿粗陋的黑布长袍(通常她们穿粉色或是淡紫色长袍)。

所有西方人都对藏在面纱后面的穆斯林女人充满兴趣

从第一眼看,土耳其女人似乎比欧洲女人过着更低品质的生活,她们不得不在家里度过人生大部分时光,只有在男性亲属面前才能露出脸部,还得面临和其他女人共有一个丈夫的未来。但是,如果婚姻失败,妻子有权以丈夫的残暴或遗弃为理由申请离婚(当然,丈夫和妻子离婚要简单得多)。在分居或是离婚的情况下,如果妻子决定回到她的家庭,她可以保留自己的财产并申请要回她的嫁妆。她还可以抚养儿子直到他满 7 岁,抚养女儿直到她的青春期。如果妻子去世,她的女性亲属将替她抚养孩子。

已婚女人还可以为她的儿子挑选新娘,儿子结婚后,母亲仍然是家里的主宰人物。新媳妇总是得等她的婆婆入座后自己才能坐下来吃饭,这令她大为懊恼。甚至在把饭菜端给那个年长的女人之前,她都不能享用食物。

虽然伊斯兰教提倡一夫多妻制,但实际上多数男人都只有一位妻子。他们只是无法负担为每位妻子分别建立家庭的费用。但

三 当地居民与风俗习惯

是，这当然不是意味着土耳其男人认为女人具有和他们同等的地位。爱尔兰的查理蒙特勋爵在游学时询问他的侍卫，是否可以见见他的妻子，结果得到斩钉截铁的回答。侍卫用蹩脚的英语告诉他："哦，我的主人！我为你战斗，我为你而死——我心甘情愿。但是，我的妻子不可以露面。没有一个土耳其男人会让别人看他的妻子。"他还继续表明说："我的上一任妻子，不是好妻子。她不给我洗衣服。她不给我做汤。我把她卖了——这是必然。我又买了一个。"这就大致概括了和土耳其女人见面的困难所在。

伊斯坦布尔的家庭生活

当你在街上闲逛时，你会注意到大多数房子都是用木材建造的，这是相对便宜的材料。土耳其人非常善于使用木头，当你穿过城市时，你会看到很多表现他们精湛技艺的地方。伊斯坦布尔的街道往往都狭窄弯曲，所以很难弄清楚这些房子的布局。它们通常都是三层或三层以上的房子，顶上几层凸出来，形成锯齿样的效果。在有些地方，你可以看到房子和房子几乎跨过街道挨在一起，以至于几乎没有自然光线照到地面上，增加了几分神秘感。透过格子窗瞥到的人影或是听到低声交谈的声音，都会激发你的想象力。

如果你能走进土耳其人的房子，主人会用一句"平安与你相伴"迎接你。你会发现男人和女人拥有各自的套间，生活在伊斯坦布尔的欧洲人常常模仿这种性别隔离。土耳其人热爱鲜花，任

男人们和女人们的居住区

土耳其人的房子里有男女各自的居住区，分别有独立的门。男性的居住区被称为"塞拉姆利克"，女性的居住区被称为"哈来姆利克"。

"塞拉格里奥"是奥斯曼人家中妻妾的住处，也被称作"哈来姆"，这个词也用来指住在其中的女人们。除了丈夫，其他男人不得进入哈来姆。

厨房通常建在入口的对面，或者在院子里。人们在砖砌的炉子上或者一浅盆煤炭上做饭。

起居室的家具通常很简单——几张矮桌子和沿着墙的一圈矮沙发。小地毯和垫子随意散落在房间里。寝具包括一些棉花填充的床垫。

女人花在家里的时间比男人多得多，所以她们的房间里家具陈设也要多一些。

塞拉姆利克和哈来姆利克里的社交活动往往都非常正式。

木桶是非常有用的储藏工具；方巾（边上有刺绣的方布，通常是穆斯林使用）用来包裹布料和家庭日用纺织品。

很多房子有自己的浴室，都是由三个套间组成。此外，房子里还有一个小洗手间，地上有一个洞，让水流出去。

就像参观清真寺时一样，鞋子要脱在门外面。

何能够负担的人都拥有一个花园。他们最喜欢的是郁金香，几年前所有人都为之疯狂。

底层社会人们的生活非常不一样。他们往往住在沿着街道杂乱无序修建的房子里。那些房子狭小而拥挤，里面没有空间分隔出男女各自的区域，所以起居室中间挂着厚重的布帘子来表示些许礼节。起居室是全家人坐立、吃饭、交流和睡觉的地方。除了做饭的炉子，房子里几乎没有什么家具：只有一些睡觉用的小毯子和一张祷告垫，小毯子不用的时候都卷着，当家里有人想祈祷的时候，就朝向麦加的方向铺开祷告垫。其中有一些家庭可能有钱买得起一座内部有小庭院和储物间的房子。

重要的仪式

孩子的出生值得盛大的庆祝仪式。出生后，孩子获得名字，佩戴上蓝色珠子的护身符，肩膀挂上一条红色丝带，以抵御"邪恶之眼"。孩子的母亲被安置在放着许多棉布和被子的床上。亲戚朋友们很快就带着礼物过来，在走进卧室探望微笑的母亲之前，他们受邀享用一篮篮的糖果。孩子出生40天之后，母亲可以由她的女伴陪着去洗澡。孩子被抱出来亮相，并送去浴室，用鸭蛋为他按摩。

当孩子长到7岁时，男孩开始在隶属于清真寺的学校上学。上学的第一天是要庆祝的日子，你会看到男孩被骑马带到学校，并且由诵经的孩子们护送。在学习早期，学校教育包括学习《古兰经》里的字母和经文，但是课程里会逐渐增加阿拉伯语和波斯语语法、算术以及一些诗歌。男孩和女孩之间的教育差异很大。男孩学习阅读与写作、对宗教的基本理解、算术、历史和地理。之后，他们进一步学习人文和科学。所以，他们的未来可以有许多种职业可选。相比之下，女孩往往接受纯粹的实用教育，通常局限于医疗领域，以及刺绣、唱歌、跳舞等有用的技能。几乎没有女孩学习阅读和写作。

一个男孩的割礼是他年轻时期最重要的时刻。割礼通常在男孩7岁或8岁时举行。当邻居们看见一个男孩戴着蓝色缎面帽子且在衬衣上系着腰带时，就知道他很快要进行割礼手术，他们会祝他好运。当这一天来临，男孩会骑着马或骆驼在街上游行。之后，他被放在一个台子上，而理发师准备开始手术。男孩被按在

一支庆祝穆斯林婚礼的华丽队伍经过竞技场

台子上,小丑和杂技演员努力转移他的注意力,此时理发师用锋利的剃刀快速地割下包皮。从这一刻开始,男孩必须服从他的父亲,并且禁止进入哈来姆。你可以在本书第九章了解到更多关于皇室割礼的介绍。

结婚是另一个值得庆祝的重要理由。婚礼总是由双方的母亲来筹划安排,新娘和她的丈夫的意见也会被粗略地问及。婚礼相关的庆祝活动的规模主要取决于双方家庭的财力。通常,人们会在浴场举办一场派对,派对上,新郎的朋友们兴奋地与不戴面纱表演的吉卜赛姑娘跳舞。

婚礼一般在星期五举行,当天新娘的父亲会递给身着盛装的女儿一件紧身褡,这象征着她的新身份。之后,新娘戴着面纱被亲戚朋友带出门,扶上一头驴,穿过街道到她丈夫的房子里。晚上，一旦伊玛目[1]宣布这一对夫妇成婚，他们就可以自由地和宾客一起享受喜宴，宴会上通常有一个巨大的托盘装着用藏红花染成黄色的米饭。最后，新娘去往洞房，新郎紧随其后，这时新郎就可以揭开新娘的面纱了。

苏丹的女儿结婚时，他会不惜代价地举办婚礼。新郎的礼物被抬着穿过街道，两旁的人群看着镶嵌着珠宝的衣服、一堆堆的金币、一箱箱的珠宝以及数百盘糖果蜜饯从眼前经过时，发出阵阵赞叹声。只有极少数特权阶层可以在托普卡帕宫看到所有光彩夺目的嫁妆。

土耳其食物的美妙之处

> 服务员给我端上冰镇果子露，土耳其人常喝这种酒精饮料，通常用甘草、橙汁和水一起调制。我尝过之后，其中一位服务员从细长瓶颈的银制瓶子里甩出水到我的双手和礼服上。
> ——《希腊和土耳其之旅》，查理蒙特勋爵，1749年

土耳其菜非常好吃，我强烈建议你尝试一下所有喜欢的菜式。当地人一天吃两顿饭，分别在中午和黄昏。他们通常盘腿坐在一个矮桌前用餐，喜欢在吃饭时搭配一些小菜，一道紧接着一

---

[1] imam，伊斯兰教的宗教领袖，尤指穆斯林社群领袖或清真寺内带领教徒做礼拜的人。

土耳其人坐在地板上，用手指而不是餐具吃饭

道端上来。如果你是客人，那么菜式的数量就是优点，因为你可以有这么多选择。令人非常尴尬的是，你会发现土耳其人对于用手指进食丝毫不觉得难为情，因为他们不知道叉子，只用刀和勺子作为餐具。

土耳其人大量吃肉，并用各种方法烹调：或烤或煮，常用黄油或植物油，但从不使用烤出的油滴或猪油，因为他们严禁吃猪肉。在土耳其最受欢迎的两道菜是烤肉和肉饭，烤肉常与卷心菜、西葫芦、菠菜和洋葱一起食用，肉饭是用肉汁烹制的。鸡肉布丁也是土耳其人非常喜欢的食物。

当地人还非常喜欢吃蔬菜，用油凉拌蔬菜或是用黄油烹制成热菜。茄子和小胡瓜填满肉和米饭，用藤叶包裹，叫作多尔玛（dolma），这是土耳其人特别喜爱的食物。被称作波瑞克（borek）的多层薄酥糕饼里填满芝士，然后用油炸——这些都是美味的点心。

最好的面包是用布尔萨或比提尼亚的面粉制成，并撒上鸦片、小茴香以及其他香料使其更加美味。或者，生面团可以用黄油制作，再涂上打散的鸡蛋。虽然大海在伊斯坦布尔生活中具有如此重要的地位，但是当地人吃鱼的时候远比你想象的更少，尽管你会发现这里并不缺少可供食用的鲭鱼或者海鲈鱼、牡蛎、螃蟹。

各种甜点都非常受欢迎，越甜越好，而且一天中任何时候都可以吃。你会经常吃到糖渍水果，里面添加了麝香和龙涎香调味。其他受欢迎的美食还有用蜂蜜制作并用椰子和开心果装饰的粗面粉果酱馅饼，以及杏仁奶油布丁和蜂蜜、葡萄干覆盖的薄酥糕饼。据说还有一种新的甜点，有幸品尝过的人都信誓旦旦地夸赞非常美味。它是由切碎的枣子、开心果和榛果做成立方块，用胶质粘在一起，并用玫瑰水、乳香或柠檬调味，上面撒着糖粉。某个风趣的人称之为土耳其软糖。

这些开胃菜配着土耳其人最爱的饮料冰镇果子露，加了用骡子从奥林匹斯山运来的冰块，喝起来凉凉的。这种饮料有各种口味，包括大黄[1]、玫瑰叶、罗望子和葡萄。其他几种受欢迎的饮料包括糖浆、葡萄汁、用葡萄干泡的冷饮[2]、蜜糖酒和玫瑰水。

下层阶级对这些异域风味的菜肴和饮料不太了解。他们以面包为主食，用洋葱、大蒜、芝士和蔬菜来调味，夏季搭配水果，冬季搭配米饭和汤，饮料只有水。有时他们可能把食物的范围扩展到内脏和牛肚。之前已经说过，在少有的几个场所里，下层阶级可以感觉和上层阶级平起平坐，其中一个就是极其受欢迎的浴场。

---

1 在欧洲及中东，大黄是指食用的大黄属植物，茎红色，气清香，味苦而微涩。
2 hosaf，即一种用葡萄干或杏干、桃干制作的冷饮。

土耳其浴场

> 土耳其人热衷于洗手、洗脚、洗脖子和全身,包括那些我羞于提及的部位。
> ——《奥斯曼帝国的起源》,西奥多·斯潘多尼斯,
> *1523 年*

也许在你的国家,一个星期不止洗一次澡被认为是对健康极度危险的事情,因此你可能已经注意到土耳其人有多讲究个人卫生。他们沉迷于浴场,不仅把那儿当作洗澡的地方,还是和朋友会面闲聊的社交中心。伊斯坦布尔有多达 300 个公共浴场,可能有超过 4000 个私人浴场。所有重要的清真寺都有一个附属的浴场,其中有一些还对非穆斯林开放,所有浴场都有严格的男女分区。

从起源上看,土耳其人对沐浴的热爱可以追溯到古希腊人和罗马人的习惯。土耳其人把公共浴场称为哈曼,它们最初是清真寺的附属建筑,因为伊斯兰教的核心教义是信徒在进入安拉的房子前需要清洗并净化自己。

比较宏伟的浴场都是精美的建筑,它们的入口内有

> 许多美丽的裸体女人姿态各异。有的在交谈,有的在工作,还有的喝着咖啡或者冰镇果子露。许多人懒散地卧在垫子上,她们的奴隶(通常是漂亮的十七八岁的女孩)则忙着给她们的头发编出一些漂亮的发型。
> ——沃特利·蒙塔古夫人

颇有情调的卡加洛鲁浴场内部

一个宽敞的圆顶大厅，大厅中央有一座喷泉，沿着墙有一圈高起的平台，沐浴的人把衣服脱在上面。这是用于沐浴之后放松的房间。从大厅进去的第一个房间是温水浴室，里面用干燥的热气持续加热，让你自由地出汗。之后，你可以穿过这里进入一个更热的蒸汽浴室或是中央浴室，在那里你可以躺在被称为"腹石"的大理石平台上，下面有柴火加热。参观者的体验往往各不相同：有的人惊叹于思绪在微弱散漫的光线中徘徊，而另一些人则强烈抱怨侍者捶打疲惫的四肢的方式。

女人特别喜欢去浴场，因为这是她们在家以外社交、见面和闲聊的最好机会之一。就像沃特利·蒙塔古夫人记录的，浴场是"女人们的咖啡馆，在这里城里所有的消息都被传开，新的流言蜚语被编造出来"。女人们经常把一天中最好的时光花在浴场，在那里沐浴、吃饭，小口吃着葡萄叶包肉、蛋糕和甜点，喝着咖啡和冰镇果子露,在最后一次冲洗前开心地闲聊。土耳其女人非常注重外表,沐浴之后,她们开始打扮自己,用蛋黄洗头,用指甲花染头发和指甲,涂上化妆品(包括用杏仁和茉莉花制成的糊状物),甚至会画上漂亮的圆点。

土耳其女人花很多时间洗浴;图中的女子染着手指甲和脚指甲,正在努力地清洗自己

如果你是来伊斯坦布尔的女性游客而且希望加入的话,这是放纵自己的好机会。当你的头发被一名年轻女子编成辫子,你可以在身上涂抹各种药水,比如糖浆脱毛膏和一罐罐蜂蜜软膏。侍者会端上小瓶的玫瑰油和麦加香膏[1],它们用来保证你的肌肤柔软,脸部不长皱纹。但是,这些东西在哈来姆的夫人中如此受欢迎——当然她们也能够最先得到,以至于总是短缺。

浴场还可能是母亲为儿子挑选新娘的地方。如果你看见一位蒙着面纱的女人坐在浴场管理者的长沙发上,那么她很可能正在观察未来的儿媳妇,这可是一个观察其外表和行为举止的绝佳机

---

1 又名吉莱阿德香膏,由生长在阿拉伯半岛地区的植物阿勃参的汁液制成,具有药用价值。

会。在婚礼举行之前，新娘由双方家庭的女性亲戚朋友陪伴来浴场沐浴，她们唱着宗教赞美诗和民谣。

当然，面对这么多裸露的或是象征性地披着亚麻直筒内衣的身体，不可能不意识到一种性的暗流。如果你喜欢你的同类，那么不用说，你有无限的机会发展一段露水情缘。但这也同样适用于异性恋。很多重要的浴场附近都有酒馆，喝酒的人利用一切机会色眯眯地盯着出入浴场的女人们。有传言说，如果一个土耳其男人想和他的妻子同房，妻子会在中午之前去浴场，而丈夫会在下午的时候过去。

医 疗

> 因为接种技术（这是他们命名的术语）的发明，在我们当中如此致命且普遍的天花在这里完全无害……这里没有任何死于天花的病例。你可以相信，我对实验的安全性非常满意，因为我打算在我亲爱的小儿子身上试一试。
>
> ——沃特利·蒙塔古夫人
> [回到英国后，她说服英国皇室注射接种，
> 但是这种治疗方法先在死刑犯人身上进行了试验]

鉴于土耳其人在卫生方面费了这么多工夫，你可能认为他们应该对医疗了如指掌。实际上，如果你生病了，你应该谨慎考虑去咨询谁，因为有太多行医的江湖郎中，他们的很多治疗方法多少带有纯粹的迷信色彩。比如，如果一个婴儿发生抽搐，他们会

尽管戴着面纱,这位穆斯林女子还是在香料市场努力地砍价购买药物

在他的腹部涂抹珍珠母油。但是,如果这个方法没有用,他们就会建议举行驱魔仪式。同样神奇的是一种被广泛应用的治病风俗,先盖住病人头部,在一锅冷水中倒入热铅,然后把锅举到病人头部上方。有些治疗方法还比较合理,比如用茴香籽治疗消化系统,用苦木浸渍液恢复食欲,把大黄用作通便剂,吸食药草以缓解胸闷。

还有一个复杂的问题,就是医生如何治疗女性患者。这仍然是个谜。一位在城里行医的法国医生记录了他如何只能通过一片厚厚的平纹细布为女性穆斯林患者号脉的经历。土耳其女人自己对医学就很了解,她们用接种的办法对付天花,展现了她们对这种致命疾病的了解远超很多欧洲人。但是在她们的丈夫看来,这点知识不算什么。一些医生记录过土耳其女人被丈夫传染了性病,她们为了不责备他们而寻找的奇特理由。

当发现理发师也是外科大夫和牙医时,你可能不仅仅觉得有点儿不安。如果你发现他正忙着拉扯客人的牙齿,把水蛭放到他们身上,那你对走进他的理发店多少会感到犹豫。

三　当地居民与风俗习惯

性和奴隶

你可能会遇到在伊斯坦布尔住了一阵的欧洲人，他们抱怨无法见到土耳其女人的沮丧感。更绝望的人会承认他们与妓女厮混，这里不缺妓女。大多数妓女是希腊人、犹太人和亚美尼亚人，据说城里有几千家妓院。据说欧洲船员在禁卫军的兵营里找廉价的妓女，他们在寻欢作乐的时候毫无顾忌。

沮丧的欧洲人只能梦想拥有土耳其男人可能拥有的一切。土耳其男人不仅可以合法地娶四个妻子，富人们还可以合法拥有自己的奴隶。众所周知，很多性感的女奴最后都上了主人的床。虽然你会习惯于回到家看见奴隶，但是你不会看到像巴耶济德清真寺附近的奴隶市场那样悲惨的场面（你可以在本书下一章了解更多有关买卖奴隶的内容）。你可能会禁不住诱惑，色眯眯地盯着展出的美女。但是要注意，一位沮丧的旁观者曾记录道，他"除了夜夜独自入睡，抱紧双膝直到早晨，别无选择"。

尽管如此，有时拥有一

鉴于这么多穆斯林女人不能拥有甚至不能靠近，妓女在伊斯坦布尔的贫民区很有市场

无论是黑人奴隶还是白人奴隶,在这座城市都随处可见

个女奴会给生活带来好处。如果她和主人有一个孩子,这个孩子很可能会获得自由。对于男人来说,妾室拥有许多妻子所没有的优点。她们不仅年轻性感,而且可能比自由的女人更顺从温柔,她们不会带来任何烦人的关系。最受追捧的自然是哈来姆的情妇。她们不仅训练有素,举止优雅,而且拥有优越的社会关系。

尽管如此,一些土耳其人还是喜欢男孩奴隶。切尔克西亚[1]人被认为是最好的奴隶(最高卖出 1000 个帝国金币)。他们因美貌和谦逊,以及敏锐的智力和学习能力而备受推崇。但是,如果你想寻找更亲切一些的奴隶,阿比西尼亚[2]男孩是公认的最好的选择。一位作家描述,他们"特别擅长整理床铺,喜欢抖松床垫和枕头,然后再铺好"。他情不自禁地赞赏说:"我的意思是在端上(咖啡)时,弯腰翘臀,以此让聚会的人期待不一样的愉悦和满足。"难怪游客经常被警告"转向土耳其人"的危险。

---

1 Circassia,指库班河迤南直到大高加索山脉之间的地区,西濒黑海,大致在今俄罗斯克拉斯诺达尔边疆区。
2 Abyssinian,为非洲东部国家。

从更无趣的角度来看，奴隶的作用一般与性满足关系不大，而更多涉及家务活儿。当然，他们必须帮女主人购物，因为对于女主人来说，被看到在市场上讨价还价是不可想象的。有些奴隶设法让自己变得更优秀。很多奴隶在主人去世之后获得自由。

四 市场、咖啡馆和鸦片馆

> 土耳其人崇拜的偶像是黄金；在所有日常事务中，他们都听从于那位强大的神灵。
> ——詹姆斯·波特爵士《关于土耳其宗教法律、政府和礼仪的评论》

市场和集市

伊斯坦布尔的市场是这个城市最有趣的地方之一，它是一种生动的颜色、声音和气味的混合体，在这里你所有的感官都会立刻受到冲击。第一次游览市场的时候，要留神不要迷路，因为这些市场充满活力，非常拥挤。就像一位游客曾指出的："即使耶稣要回来，希望从天堂降落来到这个城市，他会连插根针的地方都找不到。"听一听当地人的建议，他们会告诉你去哪儿找最好的商品。不同种族的人采用不一样的售卖技巧：希腊人喜欢大声嚷嚷，会在你经过的时候叫卖并使劲儿打手势；亚美尼亚人和犹太人更精明一些，他们会微笑着靠近你，并称赞他们潜在的受骗者；土耳其人则更腼腆一些，只有当你对他们的东西感兴趣时才活跃起来，所以当他们从口袋里掏出一颗精美绝伦的宝石时，你会更加惊奇。

四 市场、咖啡馆和鸦片馆

繁忙的市场景象，商人们聚集在一座壮观的喷泉周围

最著名的市场是大巴扎，它因拥有 4000 多家商铺和 2000 多间工坊而闻名。1453 年，攻占伊斯坦布尔后不久，征服者穆罕默德就建立了这个市场。从外面看，这座巨大的石制建筑低调不起眼，只有当你走进去才能感受到它的特色。刚一进门，在透过穹顶上无数小洞的柔光里，你什么也看不清，但你的眼睛渐渐就适应了那种模糊和昏暗。一座巨大的宝库展现在你面前，那是一座拥有清真寺、喷泉、小广场以及最主要的、成千上万商铺的小型城镇。你对它最初的印象可能是一团混乱，拥挤的街道上人潮涌动，成百上千的商人主动和这些挤来

> 贝德斯坦[1] 或是珠宝商的区域展示了这么多金银珠宝，这么多的钻石和各种各样的宝石，令人眼花缭乱。
>
> ——沃特利·蒙塔古夫人

1　bedesten，交易贵重物品的室内市场。

挤去的人们攀谈。搬运工艰难地往前走，他们通常牵着装运货物的马匹或者骆驼。但是，过一会儿你就会开始理解这个市场是怎么运行的。每个行业在市场里都有自己特别的位置。

这里有一切你想要的东西：布尔萨的花纹锦缎和天鹅绒、安纳托利亚的颜色鲜亮的地毯、印度的披肩和羊绒制品。伊兹尼克的精美的瓷砖和波斯尼亚及摩苏尔的金属制品以及漂亮的彩色手抄本争先恐后地吸引你的注意。贵重商品从西欧运过来：慕拉诺岛的镜子、镶着宝石的时钟、优雅的帽子和法国香水，它们都深受女士们追捧。从东方运来精美的丝绸和波斯地毯，从北方运来皮草和琥珀，甚至偶尔会有俄国猛禽。最奇特的商品来自中国：香料、药品和稀有的瓷器。非洲提供了黄金的诱惑。

如果你能找到通往这座迷宫中心的路，你会来到中央圆顶大厅，即老贝德斯坦，这里收藏着最贵重的商品：黄金、黄铜、青铜、古董珠宝和硬币、玻璃制品、古兵器、拜占庭陶器和小雕像。这是一个令人着迷的地方。无论外面是什么温度，这里

位于于斯屈达尔的香料巴扎（或称埃及巴扎）满目奇观，到处是从奥斯曼帝国各地运来的奇特香料

四 市场、咖啡馆和鸦片馆

总是冬暖夏凉。因为有这么多贵重物品,贝德斯坦在晚上被锁得严严实实的,以防窃贼。它的大门上面写着一句话,带着绝妙的讽刺:"利益和交易就像野鸟,如果可以被风度和礼貌驯化,那可能就是在贝德斯坦。"市场的营业时间是早上八点半到

对于很多游客来说,很难抵制诱惑不去奴隶市场看一看

晚上六点。如果你因为沉迷于讨价还价的兴奋中而逗留得太晚,你会清楚地听到看门人用钥匙敲击贝德斯坦铁门的声音,那是在告诉大家锁门过夜的时间到了。无论你有多累,离开的时候都不要错过建在市场东门外的清真寺。它绝对是伊斯坦布尔最精美的建筑之一,而且你可能已经看出它最初的马掌形庭院设计了。

奴隶市场位于大巴扎最南面,靠近巴耶济德清真寺。最受推崇的是奥斯曼帝国北部边境上那些国家的奴隶,包括切尔克西亚人、俄罗斯人和波兰人,但是这些人一般很难见到。你更可能看见来自非洲最远端的黑人女子。据说伊斯坦布尔有2000个奴隶贩子,他们住在皇太后大旅馆,是一群冷酷无情的人。他们鼓励潜在买家对在售奴隶的各个方面进行检查。你会看到买家们检查奴隶的嘴确认有没有缺牙,然后接着检查大腿和"最私密的部位"。失去童贞会降低一个妙龄女孩的价格。买家可以在付款之

51

> **香料巴扎**
>
> 也被称作埃及巴扎,因为其中的大多数香料都来自埃及,由船队每年从亚历山大运来。
>
> 它设在新皇太后清真寺旁边的一座T形建筑里。
>
> 每个摊位都弥漫着香料醉人的香味,咖啡、熏香、藏红花和胡椒的味道混合在一起,香气浓郁。
>
> 你可以买到各种形状和尺寸的酱料、粉末和乳膏。
>
> 摊主们会极力让你相信,摆出来的芳香树脂是希俄斯岛的漂亮姑娘从乳香黄连木树上采下的,他们的指甲花可以让你的指甲立刻变美,他们的香皂对你的皮肤有奇迹般的作用。
>
> 他们还会告诉你,他们的芦荟油可以让你的咖啡杯充满香味,他们的含片会让你的亲吻散发清香,他们的香粉会给你的爱人带来真正的极致愉悦。

前把女奴带回家过夜,理论上是确认她会不会打呼噜,但无疑也评估其他方面的"质量"。

在伊斯坦布尔,无论你走到哪里都会看到美食市场,里面出售的食物来自帝国的各个地方:安纳托利亚和巴尔干的肉、克里米亚的黄油和盐、瓦拉几亚和摩尔达维亚的蜂蜜、意大利皮亚琴察和伦巴第的芝士。从克里特岛运来的上等油品清淡爽口,受到哈来姆女人们的高度称赞。远洋船只从埃及带来宝贵的食盐,从亚历山大运来蔬菜、香料和糖块。糖渍水果和果汁冰糕是苏丹在瓦拉几亚、特兰西瓦尼亚、摩尔达维亚的封臣进贡的贡品。饼干和糖衣杏仁是从威尼斯运来的。水果市场格外诱人,商贩的摊位上摆满了产自希俄斯岛的柠檬、橙子和酸橙,产自亚洲的海枣,以及黑海地区的樱桃。桃子和杏子是从北安纳托利亚的锡诺普运来的,梨子和无花果产自俯瞰博斯普鲁斯海峡的果园。

沿着海滨全是鱼市场,商人几乎都是希腊人,出售一大堆

四 市场、咖啡馆和鸦片馆

令人眼花缭乱的鱼。你可能认识大菱鲆、比目鱼、沙丁鱼、鳎鱼、鲽鱼、三文鱼。里面还有犹太人善于腌制的剑鱼和金枪鱼,只有晚上才能捕到的青鱼[1],黑海里的鲭鱼,博斯普鲁斯海峡的鲱鱼,马尔马拉海岛的牡蛎。

售货员在各自摊位后面大声叫卖,他们似乎闻不到四处散落的废弃鱼块散发出来的臭味。在这里,你可能会听到最典型的土耳其粗

你可以从这个商人脸上狡猾的表情看出,为什么亚美尼亚人被认为是精明的生意人

话,比如,"指着天国的屋顶发誓""让阴间的黑天使炸了你的灵魂""以苏丹的灵魂和我妈浓密的头发发誓"。

有时你可能会看到摊主看起来有点紧张。有可能是他们发现管理员在巡视市场以确保一切井然有序。每周三大维齐尔会和管理员一起巡视,大维齐尔的众多职务之一就是市场督查官。市场管理员的职责是检查商品和试图阻止商户获取超过10%的利润,后者几乎是不可能完成的任务。不法之徒一旦被捕,就立刻被推倒在地,双脚施以笞刑。之后几天,他将痛苦万分、蹒跚而行。

---

[1] lufer 亦称为 bluefish,可译作青鱼,是伊斯坦布尔人最喜欢食用的鱼之一。

贸　易

伊斯坦布尔的很多商人都是希腊人或者犹太人。后者以前是香料商、铁匠或木匠，但是现在更多是医生、税款包收人以及关税部门的官员。直到最近，他们都还统治着银行贸易，但是现在银行家往往是更被信赖的亚美尼亚人。你可能注意到了，这些新晋富人中有一位可能是塞尔波斯家族成员，他是大维齐尔新任的银行家。他包着双层夹棉头巾，穿着毛皮大衣骑马穿过街道。富人们喜欢骑马去工作，而在贫穷地区，地位低贱的工匠们踏过贫民区的一堆堆垃圾去往他们的商店。

伊斯坦布尔的很多贸易都在海滨区域或者在大维齐尔居住的巴耶济德清真寺周边地区进行。码头附近一个常见的场景是一名奥斯曼官员检查船上的货物。他会带一名禁卫军，在关税被付清之前，禁卫军都会守在船上。关税的税率是 3% 到 5%，所以官员会积极确保船长没有隐藏任何货物。

伊斯坦布尔有很多客栈，它们大多数分布在主要街道附近。这种客栈是旅馆和仓库的结合体，是让人惊叹的建筑，其中至少一处值得去看。客栈的入口是一个大拱门，经常装有巨大的铁门用来防火防盗。这道门通往带有喷泉的庭院，喷泉四周环绕着马厩，一楼是存放各种商品的仓库，楼上是供旅客睡觉的长廊。因为旅客带着自己的铺盖、毯子和厨具，所以客栈只有极少的家具。很多客栈都有一堆附属建筑，包括厨房、餐厅、浴室和清真寺。

在城市中，不少街道整条都专门用于特定的行业。在巴耶济德清真寺附近，你可以看到一条街道上满是辛苦工作的铜匠和处理黄铜、铁和锡的工人。他们满脸污垢、汗流浃背、手指灵巧，他们将金属扭曲捶打成形，场面相当震撼。旁边还有包头巾工匠、金属雕刻师、军火商和二手书商，拜占庭时代这里曾有一个书报市场。这些书商出了名的刻薄，市场上有句常用来骂人的话就说某人"比二手书商还坏"。当你沉浸在顾客和摊主嘈杂的讨价还价声中，请确保自己避开了强行穿过乱哄哄人群的马车和搬运工。在偏僻的街道上，来自安纳托利亚的果子露商贩忙着把饮料卖给女人们以换取亲吻。

一个贸易如此繁荣的城市注定会吸引来自欧洲各地的商人。来到高门的大使必须获得一份令人垂涎的贸易协定，这一点至关重要。这份协定被称为让步协议，能让他的国民在伊斯坦布尔开展贸易。这方面最成功的是法国人，他们主导了与奥斯曼帝国的贸易。法国商人将布料、纸、玻璃和皮革带到伊斯坦布尔，作为交换，他们带回原羊毛、兽皮、丝绸和贵重商品，包括备受推崇的加工山羊毛，那是制造假发的重要原料，如果没戴假发，任何有自尊的法国男人都不会出现在公共场合。

有一件偶尔发生但是不容错过的事情就是伊斯坦布尔各行业的游行。较大的一次发生在 1736 年，持续了六个小时。队伍最前面是一辆牛车，它拖着一台播种机在播撒谷粒，后面跟着一名带着《古兰经》的年轻人，然后在胜利者马车上展示各种行业：面包师、运水工、磨坊工人、金器匠、渔民、水手和屠夫。队伍的最后是皮货商，他们把珍稀皮革展示在柱子上。

很多行业都有独特的服装。夏季，你可以在大多数街道遇到运水工和卖果子露的人，他们穿着皮坎肩和黑色长筒靴；他们绑在腰上的玻璃杯和金属杯子碰撞发出的叮当声绝不会让你搞错。他们的身边经常跟着一匹背上驮着巨大皮质储水囊的马。天热的时候，他们用树叶盖住上面，让水保持清凉。更熟练的人会插上管子从中取水。其他行业也能通过他们的特征马上被识别出来；染料坊的门外挂着颜色鲜艳的丝绸，在太阳下晾晒。

咖啡馆、红酒屋和鸦片馆

买家和卖家在谈判之后都会花时间放松一下。放松的最好地点是咖啡馆。当咖啡在16世纪传入伊斯坦布尔的时候，一夜之间整座城市都迷上了这种新的饮料。每个地区都突然涌现出咖啡馆。它们往往被巧妙地设在商店或是清真寺附近，在小广场上或者繁忙的交叉路口。大多数咖啡馆都是布置简单的木结构平房。

它们是家和市场的结合体，是一个可供人们做生意或放松的地方，只有男人们才能进入这些地方，他们在里面下西洋双陆棋或者国际象棋，又或者单纯地聊天。具有讽刺意味的是，在家里煮咖啡是女人的特权，当土耳其婆婆考察未来儿媳妇的

一个土耳其女人坐在沙发上抽烟，这是男人和女人都喜欢的消遣方式

四　市场、咖啡馆和鸦片馆

男人们的很多社交生活都发生在咖啡馆，它们是非常受欢迎的地方

素质时，新娘能煮一杯美味咖啡的能力被认为是一个重要的考查因素。咖啡馆门内的公共房间摆放着小木椅子或者调高的矮沙发，供客人们坐在上面喝着咖啡聊天。咖啡馆的一角设有厨房，配有一个用来煮咖啡的小火炉。厨房对面的角落摆放着一个精心装饰过的矮沙发，周边的老年人和重要的商人可以坐在那里传播消息或者讲故事。有时候，你会看到一位毛拉[1]坐在这里传授知识。天气好的时候，经常会有客人坐在咖啡馆外面的板凳上晒太阳。

这些咖啡馆也是烟民们最喜欢的地方。自从17世纪初烟草传入伊斯坦布尔以来，它就深受人们喜爱。烟斗格外受欢迎，你可以从一个烟民的烟斗长度和装饰，或者他插入水烟管的烟嘴，或者众所周知的水烟筒，来判断他的身份地位。过去的很多位苏丹都试图禁止人们的这个习惯，但是从来没有成功过。他们不仅

---

[1] 对伊斯兰教教师或领袖的尊称。

酒壶碎了，高脚杯空了，酒也没了
你把我们变成了咖啡的囚徒，唉，命运啊。

——萨尼

觉得抽烟是恶习，还非常了解因为烟民点着烟斗睡着，或者熄灭的时候不仔细所引起的火灾数量，而这些情况常常发生在烟民喝了太多酒之后。

没有人知道伊斯坦布尔到底有多少家咖啡馆，但是据统计，七分之一的企业都是从经营一家咖啡馆开始的。博斯普鲁斯约有100家咖啡馆，仅贝希克塔什地区就有20家。它们之间千差万别。一些咖啡馆体面正派，另一些则更离经叛道得多，在晚上你可以发现客人们在观看舞者的表演，这些舞者有男孩也有女孩，他们那些带有挑逗和暗示的动作直接露骨，无须你发挥想象。

政府对咖啡馆的看法非常矛盾。他们认识到咖啡馆很受欢迎，这让它们成为重要的收入来源。另一方面，咖啡馆可能成为恶行的庇护所，而且闲聊的话题经常会转向政府，无一例外的都是批判的言论。很多咖啡馆都归政治

鸦片会对吸食者产生非常糟糕的影响，从图中这些瘾君子能清楚看出其不良影响

四 市场、咖啡馆和鸦片馆

上不可靠的禁卫军所有,最近大量的叛乱都开始于他们的咖啡馆。因此,政府通过了一些规定试图控制他们,但是很多咖啡馆店主直接无视这样的规定。

如果你喜欢比咖啡更重口味的东西,那么你不需要去很远的地方寻找就能得到满足。伊斯坦布尔城里有许多鸦片馆,特别是在苏莱曼清真寺周边地区。你会在那周边的街道看到瘾君子,他们脸色苍白,表情沮丧,身材瘦弱。虽然人们看不惯吸食鸦片的行为,但还是有很多人吸食,而且据说鸦片甚至被母亲们用作婴儿的镇静剂。与此相反,大麻被认为是更强效的毒品而被禁止使用,但是你偶尔也会看到大麻瘾君子,他们面部凹陷蜡黄,眼神黯淡无光。

另一个诱惑是在《古兰经》中被穆罕默德明令禁止的酒精饮料。很多穆斯林似乎没有注意到这一点。不过穆斯林不经营酒馆,酒馆由希腊人、亚美尼亚人和犹太人专属经营。最受欢迎的饮料是小米发酵制成的波萨。这种饮料对那些心里感到内疚的人具有特别的吸引力,因为它有含酒精的和无酒精的两种做法,能够让饮用者假装自己没有违反穆斯林的规定。

城里到处都有许多酒馆,特别是在基督徒聚居的加拉太地区,那里都是特别饥渴的人们,政府的葡萄酒督查官

在你宝石般的红唇边,我从不向玫瑰色的红酒低头;
在魔法教士的阴影之下,我从不放弃酒杯。
如今,它让我成了流亡的囚徒,不再痛苦的朋友——
我不知道该怎么办,该拿我这悲惨的命运怎么办!

——奈夫-雷斯,*18 世纪 60 年代*

在那儿设有办公处。你可以通过音乐声、歌唱声和喧闹的笑声很快地找到酒馆。这些酒馆被公认为是卖淫者经常出入的淫窝,而且常常是男妓。就像一个常客形容的:"我怎么能知道卖淫是一把锁,而酒就是打开它的钥匙?"

很多位苏丹试图定期禁酒,但是和禁烟令一样没有什么效果。尽管苏丹是哈里发也是穆罕默德的继承者,很多苏丹还酗酒成性,但是你永远不会听到穆斯林提起这件事。被称作"雷霆"的巴耶济德一世热爱西拉红酒。被称为"酒鬼"的塞利姆二世曾经狂饮了好几天。穆拉德四世禁止喝酒的措施非常残酷,至少对他的穆斯林子民是这样,但是他自己却经常喝酒。

同业公会

不同行业和手工艺的成员可以加入同业公会,同业公会可以为他们提供相互保护和支持。虽然同业公会不像过去那样有影响力,但是伊斯坦布尔的每个地区都有分会和俱乐部,并有它们各自的规章制度。同业公会每个月第一和第三个周五开会,由主席、主管、督查等官员主持会议。每个同业公会还有一名皇室指派的官员。官员们负责监督同业公会会员行为、专业标准维护、会费收缴以及会员在市场的活动。

同业公会用自己的资金向会员提供借款,并帮助生病的同行。它还向穷人分发食物,组织祈祷会,举办商品集市。年轻人要加入一个同业公会,必须先在一名师傅手下当学徒,当师傅觉得徒弟已经具备成为正式会员的条件,就会向公会推荐他。每个公会每年组织一次宴会，邀请朋友和家人参加。宴会后，会员被鼓动起来唱歌跳舞，他们和客人们将欣赏杂技演员和摔跤手的表演。

每个公会都有自己的守护神，他们是来自《古兰经》或《圣经·旧约》的先知或圣人，而且据说都是他们各自行业里的专家。麦加克尔白[1]的建造者亚伯拉罕是建筑者的守护神，诺亚是造船工人的守护神，大卫是军械师和铁匠的守护神，约拿是水手和渔民的守护神。相应地，杀死兄弟亚伯的该隐是杀手和掘墓人的守护神。

奥斯曼的货币制度

土耳其钱币非常好；它们含有黄金、白银和混合金属。
——巴尔的摩勋爵

你会在本书第一章读到土耳其钱币的复杂性，其中描述了库鲁什、帕拉、阿克切之间的区别。但是，在处理土耳其钱币时你要小心。自从奥斯曼铸币厂停止制造银质阿克切以来，硬币甚至是土耳其整体的经济受到的管控就少得多。为了让你了解这些硬币的价值，我可以告诉你，一个不熟练的建筑工人能挣到10帕拉或30阿克切。

---

1 Kaaba，麦加大清真寺中央的立方形高大石殿，为世界穆斯林做礼拜时的正向，又称"天房"。

库鲁什硬币的两面——这是奥斯曼帝国使用的标准银币

其中经常出现的一个主要问题是,除了本国货币以外,土耳其人还喜欢使用外国钱币,特别是威尼斯和荷兰的。这就导致了很多混乱的状况,还滋生了许多造假者。实际上,里窝那、蒙特卡洛、阿维尼翁和奥兰治的铸币厂都被用于生产金属含量较低的硬币,填充土耳其市场。无良的商人在使用这些硬币的过程中如果没有被抓到,就会赚取巨额利润,而这些商人中又以荷兰人最为臭名昭著。所以你要小心了,不要在旅游结束后带回一包毫无价值的硬币。

> 他们天生相当单纯愚钝,很容易被人欺骗。所以,基督徒使用无数卑鄙的手段戏弄和欺骗他们。
>
> ——让·夏尔丹[1],17世纪

拖欠款项和货币贬值已经引发了多次叛乱。当政府资金耗尽时,就采取孤注一掷的措施来避免秩序混乱的威胁。回到17世纪20年代,柯塞姆苏丹的儿子穆拉德四世刚刚登上皇位就下令熔化宫里所有能找到的金银,以支付

1　Jean Chardin(1643—1713),法国旅行家。

给保证新任苏丹和平继位的军队。

物价和税赋

当你渐渐了解店里商品的价格，你就会发现这是政府密切参与的事情。政府通过为食物、商品以及咖啡、红酒甚至鸦片等奢侈品定价来控制市场。这个控制体系包括检查商品的重量和质量，特别是所有基本食物里最重要的面包。除此之外，官员还要检查以确保食物是煮熟的，锅用干净的水冲洗了，动物没有负荷过重。他们还要为各行业定价，比如搬运工和掘墓人。理论上，大维齐尔全面控制着价格，但是实际上他授权市场督查员进行管理。

政府官员和热衷于追求最大利润的各行业成员之间就这些价格进行了大

> **对于最近通行硬币的混淆**
>
> 理论上，所有的硬币固定含有60%的银和40%的铜。
>
> 17世纪90年代铸造的银币被称作"新兹罗提"，这是为了和在伊斯坦布尔广泛使用的波兰兹罗提作区分。
>
> 土耳其人已经有一种硬币叫作库鲁什，但不久之后，一种新库鲁什被引入，它的重量相当于6.25个迪拉姆。
>
> 新兹罗提的价值相当于四分之三个新库鲁什，但是它们的重量和银的含量各不相同。
>
> 在加拉太和佩拉地区，人们通常把库鲁什称作皮阿斯特，即一种意大利硬币。
>
> 最近引入的金币和威尼斯达克特的标准很接近，被称作图格拉里、辛其尔里、芬迪克、泽里马哈布。
>
> 现在，你可以理解为什么在和当地人进行金融交易时需要仔细小心了。

量谈判。定好的价格由街头公告传报员宣布。政府如此在意物价的原因之一是，它知道经济动荡可能会导致叛乱，对违法者的惩罚可能会很严厉。你甚至可能会看到可怕的一幕：面包商因为多收了顾客的钱而被吊在他的面包店外面。

　　政府非常清楚，人们对自己要缴纳的税赋感到不满。由于没有通用的税收制度，情况变得更加复杂。你可能会发现，如果询问五六个土耳其人，他们缴税的税率都不一样。不同种族或者不同宗教信仰的人缴税的税率也不一样。这样的差异意味着这个税收制度极易滋生腐败。比如，东正教教堂可以从他们自己的教区征税。这就意味着，一名高级宗教官员会向奥斯曼当局支付巨额款项来获取一个高级职位，因为他知道他可以通过向教区居民征收什一税来收回这笔花费。可以这么说，包税制实际上已经取代了征税制。

五 苏丹、大维齐尔、大使和禁卫军

> 我是苏丹们的苏丹，君主们的君主，全世界君王的皇冠都由我颁发，我是地球上的上帝之影。
>
> ——苏莱曼大帝用这种方式开始写他的信件

苏 丹

无论在世俗方面还是宗教方面，苏丹都是奥斯曼帝国的最高统治者，所有臣民都效忠于他。所有法律都由苏丹颁发，他是哈里发，即最高宗教领袖，他也是军队的最高统帅。现任苏丹马哈茂德一世是历史上最成功的王朝

苏丹的头衔

苏丹们都自视甚高，他们的头衔就反映了这一点。

苏丹最喜欢的头衔是国王，或者"万王之王"——你会听到欧洲人把这翻译成"了不起的土耳其人"或"了不起的先生"。

1517年，塞利姆一世征服了埃及，所以苏丹也称自己为伊斯兰教哈里发（大致翻译为"忠诚的指挥官"）；此外，他的宗教头衔还包括"宇宙之主先知的继承者"和"麦加、麦地那、耶路撒冷圣城的看守人"。

苏丹很多其他正式的头衔中有一些包括"奥斯曼王室的君主"、"苏丹中的苏丹"、"可汗中的可汗"和"白、黑、红海之主"。

最让人印象深刻的头衔是"地球上的上帝之影"。

征服者穆罕默德自称"罗马帝国国王"。

之一的继承人。14世纪之初，奥斯曼的苏丹们（最初他们称自己为贝伊[1]）是一群能力出众、积极进取的统治者，他们创造了一个覆盖安纳托利亚和巴尔干大部分地区的王国。在1453年君士坦丁堡被征服之后的一个世纪里，没有任何强国可以抵挡率领军队的苏丹。苏莱曼大帝于1520年至1566年在位，在他的统治下，奥斯曼帝国达到了鼎盛。

苏丹在托普卡帕宫享受生活乐趣的时间越来越多，渐渐地变得越来越难以接近。在外界看来，他是一位遥远的人物。虽然他还会在接见臣民和周五祷告时出现，也会身着金丝缎和珠宝刺绣的华服，乘着帆船享受博斯普鲁斯的美景，但没有人听过他开口说话。

强者求助于弱者的时候最伟大。
——马哈茂德一世最喜欢的谚语

马哈茂德一世从1730年开始统治帝国，那一年他在其叔叔艾哈迈德三世被废黜之后突然成为苏丹。他时年34岁，从7岁生日开始他就被关押在"笼子"[2]里，那是托普卡帕宫中一些阴暗的房间，被分配给没有被苏丹选中作为继承人的儿子或兄弟。所以，他对身居高位完全没有准备。尽管如此，在面对那些废黜了苏丹并杀害其大维齐尔和海军上将的人发起的一场严重叛乱时，他证明了自己的气魄，消灭了叛军。他统治的最初几年发生了更多叛

---

1 bey，突厥语中的"首领"或"酋长"的意思，在奥斯曼帝国时期泛指地方的执政者。
2 cage，托普卡帕宫中关押王子的地方。

继承的规则

> 无论上帝将苏丹国赋予我的哪一个儿子,为了世界的秩序,他的兄弟应该被处死。
>
> ——征服者穆罕默德

奥斯曼帝国没有长子继承王位的法律,所以苏丹的任何一个儿子都可以继承。

征服者穆罕默德推行杀害兄弟的法律,新任苏丹可以立即下令处死他所有的兄弟,并且为避免皇室流血要用弓弦勒死。

从塞利姆一世(1520年去世)统治时期开始,苏丹停止了王朝婚姻。他们从后宫的奴隶妃嫔中进行挑选,她们都是皈依伊斯兰教的异教徒。

后宫是阴谋的温床,因为女人们都拼尽全力以保证她的儿子成功继承苏丹王位。

1603年,艾哈迈德一世继位,杀害兄弟的法律被监禁所替代——监禁在托普卡帕宫里的一些被称作"笼子"的房间里。

> 让我吃我的栗子,然后勒死我吧。
>
> ——穆拉德三世的一个儿子(穆拉德三世有20个儿子,其中19个在他死后被杀害,另外一个就是穆罕默德三世,他一继位就下令执行处决)

乱,但都被残酷地镇压了。马哈茂德一世被指责"随风而动"且太过依赖其母亲撒利哈和黑人太监首领哈奇·贝西尔阿加[1],这也许可以解释他罢免大维齐尔的数量。

马哈茂德一世今年50岁。虽然查理蒙特勋爵认为他"面容温和,举止优雅",但实际上,他驼背,腿还特别短。幸运的是,

---

[1] Aga,奥斯曼帝国时期对人的一种尊称,通常与高官官衔连用。

苏莱曼大帝是奥斯曼帝国最成功的苏丹；你可以从这幅版画的背景里看到苏莱曼清真寺

当他骑在马背上时，这个身体缺陷就不那么明显，而这往往就是公众看到他的样子。马哈茂德一世还有一个更严重的缺陷：他不能生育，尽管他的医生已竭尽全力为他准备了很多药剂。占星家们仔细看过星象后，都宣称马哈茂德一世永远都不能成为父亲。在他的游艇上，以及在博斯普鲁斯海峡专门修建的亭子里，有许多妃子侍奉他。不仅如此，海边还修建了许多被称为"欢乐之家""欲望之家"的游乐场所供苏丹享用。但是，到目前为止这些诱人的尝试都没有成功。

虽然苏丹住在与世隔绝的托普卡帕宫，但是他知道他的臣民们应该有机会亲眼见到他本人。有一些正式的场合可以见到他，

五 苏丹、大维齐尔、大使和禁卫军

如每周五他都会驾临清真寺。苏丹骑马穿行街道的路线是众所周知的，这让他的臣民有机会向他请愿，而他在马上非常优雅地接受。他还会检阅军队和皇家舰队，但你更可能在他乘坐轻帆船从水路去博斯普鲁斯海峡的时候见到他。

> 在他管理的六年里，有人会认为他想用光全欧洲的钻石来购买戈尔康达[1]和巴西的所有矿产。
> ——詹姆斯·波特爵士对黑人太监首领哈奇·贝西尔阿加的评论

大维齐尔

苏丹仆人的脖子比一根头发丝还细。
——奥斯曼谚语

由于苏丹幽居在托普卡帕宫，脱离于日常生活，实际上是保管王室印章的宰相或大维齐尔在管理政府。多年来，这个职位一直都是由宫廷学校里挑选的基督教徒担任。大维齐尔行使权力的地方被称为"高门"，就位于托普卡帕宫之外，他在那里的生活相当有格调。作为其重要性的参照标准，外国大使的正式任命书都是递交给高门，就像在英国递交给圣詹姆斯宫一样。大维齐尔的权力包

---

[1] Golconda，古印度的戈尔康达是世界上最早发现及生产钻石的地方，这里挖掘出来的钻石深受古老皇族及帝皇垂青，故在18世纪中期已经完全枯竭。

大维齐尔是奥斯曼帝国第二重要的人物

括所有军队和行政机构的任命,他要负责整个城市的治安。在战争时期,如果苏丹不亲自出征的话,大维齐尔就要指挥军队作战。

如果你想做成一件事,那高门就是你要去的地方。光是看着一群群请愿者希望拉着出入其中的官员陈情,你就知道你来对地方了。当大维齐尔举行每周三次的底万[1]或是会见时,场面格外拥挤。如果你可以奋力挤过人群,你就能有幸看到其中一个环节。这是一个上诉法庭,而大维齐尔就是最高法官。

如果你想参观高门,你可以效仿最近的一位参观者查理蒙特勋爵,他接受其向导皮萨尼的建议:"穿着希腊服装乔装自己,避开了别人的注意和随之而来的麻烦。"因为这样乔装打扮,查理蒙特得以细致地观察了高门的房间,欣赏了铺着"最好的丝质波斯地毯"的"宽敞、高大、布局匀称的房间"。他看着大维齐尔端坐在宝座上,一名官员站在他的身后,"手里举着一大片羽毛或是一把羽毛,在大维齐尔脑袋旁边不停地挥动来驱赶苍蝇"。

虽然大维齐尔外表华丽气派(大维齐尔是除苏丹以外唯一

---

[1] divan,此处应指奥斯曼帝国的议会。

五 苏丹、大维齐尔、大使和禁卫军

可以在骑马穿过街道的时候向左右两边微笑和鞠躬的人），但是这是一个极其不安全的职位，受制于苏丹的突发奇想，以及聚焦于该政权的任何批判。现任大维齐尔迪维达·穆罕默德帕夏于今年年初刚刚上任，他是自马哈茂德一世继位以来的第十五任大维齐尔。苏丹可以从位于高门对面的检阅亭

> 虽然我是苏丹的奴隶，但是无论我做什么都可以成功。我可以一下子把一个小马倌变成帕夏。
>
> ——易卜拉欣帕夏，苏莱曼大帝的大维齐尔

奥斯曼统治集团的等级

奥斯曼帝国的政府系统具有严格的等级制度——在苏丹和大维齐尔之下的主要阶层如下：

阿加，即一个组织的首领——最重要的是苏丹禁卫军集团的首领和在托普卡帕宫里握有大权的黑人太监首领。

帕夏是赐予高级军官或高级公务人员的荣誉头衔——管理海军的上校帕夏权力极大。

高门的首席向导是一个非常重要的职位。

贝伊最初是指一个省区的执政者——现在只不过是"先生"的意思。

阿凡提是类似的级别，用来指大维齐尔的私人助理。

首席园艺师非常有影响力——他负责监督托普卡帕宫里的多数活动，为苏丹提供护卫、马夫、门房、船夫，在宫里执行惩罚措施，并监督食物进入厨房。

奥斯曼统治集团的等级划分最初建立在军事地位基础上，由军旗上挂着的马尾的数量来表明：苏丹拥有四条马尾，大维齐尔和黑人太监首领各拥有三条，帕夏或是贝勒贝伊斯（高级省区管理者）拥有两条，贝伊只有一条。

非军事的等级包括担任有影响力的乌里玛（宗教机构）领袖的伊斯兰教长，以及卡迪，即负责阐释伊斯兰教法律的法官。

密切监视谁在拜访他的大维齐尔。一个世纪以前，疯狂的苏丹易卜拉欣常常坐在亭子的窗户旁边，用弓弩随意射击路过的行人。对于那些胆敢担任大维齐尔的人来说，这是特别危险的时期：1644年至1656年的十二年间，共有十七位大维齐尔，其中十五位死于暴力。

1730年，在帕特罗纳·哈利勒叛乱期间，大维齐尔被斩首，尸体被从托普卡帕宫扔到大街上。那时已经彻底失控的禁卫军接着挖出被他们所杀害的伟大的海军上将穆斯塔法帕夏的尸体，将其绑在驴尾巴上，拖着穿过街道来到托普卡帕宫，任其被野狗分食。

另外一个重要职位是首席翻译，也被称作高门的向导。这个位置具有巨大的权力，因为会说外语的土耳其人太少，而外国人明显没有任何学习土耳其语的能力。这位向导通常由法纳尔希腊人担任，他在外国大使和高门政府之间的日常事务进行中发挥着重要作用。他还要翻译外国文件，从外国的报纸上摘取信息。高门的向导对大维齐尔负责。但是，他的职位非常容易受到伤害，当外国势力出现问题时，同样岌岌可危的大维齐尔马上会责备向导。所以，向导就是众所周知的"高门最重要的奴隶"。

皇太后

被称为瓦利德苏丹的皇太后在奥斯曼社会中发挥着强大的作用。16世纪末17世纪初，她实际上是整个奥斯曼帝国最重要的人。两位杰出的女人曾经充当了这个角色。第一位被称作努尔

五 苏丹、大维齐尔、大使和禁卫军

巴努苏丹（1525—1583）或"光明夫人"，她是塞利姆二世最喜欢的妻子、穆拉德三世的母亲。她是威尼斯贵族，本名西西莉亚·巴佛，威尼斯总督赛巴斯提安·维涅尔的侄女，在帕罗斯岛上被土耳其海军司令巴巴罗萨俘获。1574年，当努尔巴努醉酒的丈夫塞利姆二世去世时，她将他的遗体藏在冰棺里，直到她的儿子回到首都，同时下令勒死了塞利姆二世的其他五个儿子。接下来的九年里，她作为苏丹皇太后和大维齐尔一起统治着奥斯曼帝国。

柯塞姆苏丹（约1589—1651）更加强大，她是希腊神父的女儿，也是艾哈迈德一世最宠爱的妃子。艾哈迈德一世去世后，她作为正式的摄政皇太后在1623年至1651年统治着奥斯曼帝国，安排谈判并从各省接收税赋和收入。她还陪同她的两个儿子穆拉德四世和疯狂的易卜拉欣去参加周五的祈祷。当易卜拉欣被废黜后，她继续通过她的孙子穆罕默德四世统治帝国。和努尔巴努一样，柯塞姆也在帘子后面参加朝政会晤。当柯塞姆最终倒台时，她被后宫的黑人太监首领"高个苏莱曼"用一条窗帘绞死。她通过慈善行为把自己的很多财富都分给了民众，因此很受人们爱戴。在她死后，伊斯坦布尔的民众举行了为期三天的哀悼活动。

自那时开始，苏丹皇太后就再也没有行使过这么大的权力，但她还是令人敬畏的存在，隐藏在她居住的后宫，像蛛网中间的蜘蛛一样控制着周围的一切。然而，她的权力是短暂易逝的，在她的苏丹儿子去世的那一瞬间就消失了。

大　使

  正如你所料，外国驻奥斯曼政府大使馆的作用非常重要，他们希望从那些经过伊斯坦布尔的利润丰厚的贸易中获利。当大使们不择手段地争抢地位和恩惠时会使用很多阴谋诡计。自从16世纪以来，法国人在西方大国中占据着首要地位，而且正如我们在第四章里提到的，他们继续主导着与土耳其的贸易（三十年前，土耳其人自己派出的第一批使馆官员就前往法国）。从奥斯曼政府取得在帝国开展贸易的许可是所有国家的主要目标，取得许可被冠以"重建条约"这个高深莫测的名称。大使们认为自己代表君主，不断尽自己所能来展示他们国家的影响力。这其中包括，从到达伊斯坦布尔那一刻起，就带着正式随从及军乐队进行一场令人印象深刻的展示。你可能会看到一位大使夜访一名外交官同事，身边跟着举着火把奔跑的仆人。

  大使面临的主要问题之一是难以掌握土耳其语，因此他的向导发挥着重要的作用。虽然向导通常是基督徒，但他是土耳其人，因此很容易误译对话。向导还经常接受贿赂，多数大使非常愿意给向导一些奖励，从而确保当他们与土耳其官员讨论问题时向导能准确翻译。实际上，多数大使都随身带着各种各样的礼物：金银织锦长袍、一盒盒香水、镜子和枪支，他们明智地将这些礼物分给向导以获得帮助。法国人曾经试图避开这个方法，将一些年轻的基督教徒送到巴黎，这样他们可以学习法语，然后回到伊斯坦布尔担任向导。

  这些大使住在佩拉地区，生活很有格调。他们的使馆设计

五 苏丹、大维齐尔、大使和禁卫军

在一次与大维齐尔的会见中,英国大使在与奥斯曼帝国官员的对比中相形见绌

成土耳其风格,拥有宽敞的上层会客厅,房间分为男宾区和女宾区。房间的陈设布置是欧洲风格的,摆放着桌椅、柜子和床铺,挂着由亚麻、丝绸和锦缎制成的帷幔。每个使馆都有自己的小教堂。第一层设有马厩、储藏室和面包房。法国人非常希望给客人们留下深刻印象,他们在使馆里设置了宝座间,并在里面摆放法国国王的肖像画。有意思的是,尽管法国人拥有如此富丽堂皇的使馆以及与奥斯曼政府的密切关系,但与土耳其人世代为敌的威尼斯人拥有更庞大的使馆。使馆雇用118名工作人员,但其中50人是牧师。土耳其人一直热衷促进与"宁静之城"[1]的贸易往来。

---

[1] 即威尼斯。

所有外国大使的主要目标之一就是获准与苏丹会见，这样的会见在托普卡帕宫内举行。如果有机会的话，尽量和你们国家的大使同行，因为这可能是你进入托普卡帕宫参观的最好机会，不过会见可能不是你所期望的那样。最不同寻常的一个方面是，具有西欧大使会议特色的常规外交礼仪在这里并不适用，你可能会对你们国家的代表受到的待遇感到震惊，从冷漠到粗鲁态度不一。有时候，大使们甚至被关进监狱，最近发生的此类事件是威尼斯和奥地利大使分别在1714年和1716年被关进监狱。

为了强调自己的权力，苏丹经常让大使等待好几个小时或者好几天，即使他们已经进入托普卡帕宫。詹姆斯·波特爵士曾气愤地抱怨说，他等待的房间"更适合接待波兰犹太人"。在见到苏丹之前，大使会先被引见给大维齐尔，他身着华丽的白色缎子长袍，戴着镶有黄金的包头巾（他的官员们根据不同等级穿着蓝色、黄色、绿色和紫罗兰色长袍），大使会和大维齐尔一起用餐，多达50道菜肴被接连端上桌。最后，苏丹才会传召。

在进入正殿之前，大使要被迫穿上厚重的金银刺绣皮草长袍，然后两名侍从搀着他的胳膊往前走，只是为了确保他不会愚蠢到企图暗杀苏丹。接着，大使将亲吻苏丹在这些正式场合穿的刺绣精美的金丝缎卡夫坦。被欧洲人称为"了不起的土耳其人"的苏丹坐在华丽的宝座上，脸朝向一侧，这样纯粹的异教徒就看不到他的脸。当大使递交国书时，苏丹似乎不予理会，他的目光遥不可及且神秘莫测。苏丹不说任何话，但是偶尔会点头表示肯定，这个动作会被视为极大的荣耀。

大使们往往高傲自大，他们对这种行为感到愤怒，但是他们知道促成一份利润丰厚的贸易协定有多重要。其中一种引起苏丹陛下注意的方式就是为他准备丰厚的礼物。比如，最近荷兰大使科内利斯·卡尔科恩敬献给苏丹的礼物包括一些缎子和天鹅绒外套、一盒昂贵的芳香油、两个金银丝镶嵌的银制花盆、一个巨大的水晶柜子、一个装着眼镜的装饰盒和塞满糖果的罐子、一架3米的望远镜，以及最后但绝非不重要的两个灭火器。卡尔科恩的秘书里格回来向他报告说，苏丹对水晶柜子印象如此深刻，"陛下至少开关柜子三十次来研究它"。

苏丹的禁卫军

禁卫军一皱眉头，苏丹就吓得瑟瑟发抖。

——沃特利·蒙塔古夫人

苏丹的禁卫军是伊斯坦布尔最主要的驻军。他们曾是欧洲最令人畏惧的战斗部队，是一支被训练为战士的精英禁欲军团。禁卫军最初从帝国基督教儿童中强制征兵（因为《古兰经》不允许奴役穆斯林），但是到了17世纪，穆斯林也被征召入伍。禁卫军由196个军团组成，总共约有40000名男兵，他们是一群面目狰狞的人，留着长长的八字胡。不久你就会看到他们大摇大摆地走在街上，戴着高高的白色亚麻帽子，穿着深蓝色上衣，并且根据级别不同穿着红色、黄色或是黑色靴子。他们的营房位于苏莱曼清真寺和金角湾之间。

禁卫军还充当警察队，掌管着伊斯坦布尔的所有安全工作。他们受自己的法律管理，因此不对任何人负责。政府对禁卫军的态度是摇摆不定的。在公开场合，他们不能犯错，最近的一份声明把他们称作是"由勇敢的信念卫士组成的队伍，身上承载了地球上的上帝之影苏丹的祝福"。但是，私底下政府和大众的看法一样，禁卫军应该为自大傲慢和拒绝服从命令而受到谴责。就像一位愤怒的评论员所说，他们不过是"糕饼师傅、水手、渔民、咖啡馆和妓院的老板"。

众所周知，禁卫军是所有士兵中伙食最好的。他们对食物非常在意，他们的军官带有如首席汤厨、厨师长、黑人粗工和首席运水工等军衔，如果军团的大锅被弄丢了将是最大的耻辱。禁卫军无数次奋起反抗他们的君主，叛乱无一例外都在发薪日当天发生，他们在托普卡帕宫的第一庭院掀翻汤锅。

穿着五颜六色制服的禁卫军是伊斯坦布尔的一道风景。你可以在城市的任何角落看到他们，但是接近他们的时候一定要小心谨慎

然而，尽管禁卫军非常

五 苏丹、大维齐尔、大使和禁卫军

自高自大（据说他们掌握了60种系头巾的方法），他们其中有些人已经遭遇不幸，你可能会发现你的服务员就是其中之一。苏丹本人也雇禁卫军来做驯鹰人、园丁、皇家小艇的划桨手，有些禁卫军还承担诸如警犬训练员、伐木工、苦工这样卑贱的工作。因此，禁卫军的薪酬水平也有所下降，他们渐渐地转行从事贸易来增加收入。

他们拥有众多的咖啡馆，这些咖啡馆是监视城市市场的理想场所，而这也是他们的特权之一。例如，强大的第五十六军团就是从一家禁卫军的咖啡馆来监管运入伊斯坦布尔的食物的分发，还有木材等建筑材料和取暖用的燃料市场等。

他们废立君主，就像禁卫军在罗马所为。

——巴尔的摩勋爵

当然，禁卫军有各种各样的机会进行不太得体的活动。他们以敲诈勒索著称，常常强迫一个地区的居民交保护费。常用的办法就是在房子或商店大门上方挂一把斧子，在上面画上某个特定军团的标志。如果房主或店主拒绝

反对艾哈迈德三世的叛乱领袖帕特罗纳·哈利勒极具感召力的塑像

缴纳必要数额的钱，禁卫军就会威胁要烧掉他的房子。如果你在其中某个咖啡馆欣赏风景，也许它坐落在城墙上，你会注意到店主如何仔细观察进入博斯普鲁斯海峡或金角湾的船舶。毫无疑问，他正在盘算是否能从新入港的船只上勒索一些贡品。不久之前，一位海军上将拒绝向禁卫军支付勒索钱款以获取船只停泊权。最后，他发现他的船被拖到海边，停靠在一家禁卫军的咖啡馆外面让所有人都看见，他感到很丢脸。

如果你对禁卫军的权力有任何怀疑，不妨看看伊斯坦布尔最近的历史。禁卫军曾逼迫马哈茂德一世之前的两任苏丹退位；实际上，1730年帕特罗纳·哈利勒[1]对艾哈迈德三世的叛乱就发起于一家禁卫军的咖啡馆。

军队和叛乱

全能的上帝说："我有一支军队，我称之为土耳其人。每当我对一个民族感到生气的时候，我就派土耳其人去对付他们。"

——阿拉伯谚语

---

[1] 1730年9月28日，手工业者、小商贩、贫民、禁卫军士兵等3000人在巴耶塞特广场集合举事，起义领导人是禁卫军士兵帕特罗纳·哈利勒。苏丹艾哈迈德三世（1703—1730年在位）被迫接受起义者的要求，将宰相易卜拉欣帕夏等三名大臣处死。10月1日，起义者废黜艾哈迈德三世，另立其侄子马哈茂德一世（1730—1754年在位）为苏丹。

五 苏丹、大维齐尔、大使和禁卫军

直到最近，奥斯曼帝国还是世界上最强大的军事强国，但是面对邻国不断的威胁挑衅，它也在逐渐后退。西边的奥地利人企图收复他们16世纪输给奥斯曼帝国的巴尔干地区；北边的俄国人拼命地在黑海建立基地，东边的波斯人是土耳其人永恒不变的敌人。在过去四年里，奥斯曼帝国一直处于和平状态，你不太可能看到苏丹在一群随从的陪同下带领军队启程出征的宏大场面。

尽管如此，训练中的奥斯曼军队还是值得一看的。现场景象非常壮观，盛大辉煌的场面里，成千上万的禁卫军把他们的铜勺插在包头巾上，高级军官们头戴苍鹭羽毛，他们的战马披着天鹅绒和黄金，用指甲花染红的马尾从他们的矛上甩下来，现场还有一大堆武器，从弯刀、骑兵长矛、弓箭到步枪和炮兵用力拖着的大炮。但是苏丹非常清楚，赢得战争不仅仅是因为军队的规模，他急需对武装部队进行改革，特别是向欧洲列强学习，引进他们的高级技术。

为此，几年前苏丹命令博纳瓦尔伯爵为他进行改革。虽然博纳瓦尔（出名后被称为艾哈迈德帕夏）取得了一定的成就，但他还有许多潜在的问题需要解决。他必须对大维齐尔负责，但是苏丹总是罢免他们，而且每一任大维齐尔都有自己的想法。此外，禁卫军反对改变，这严重影响了这位法国人发挥其改革制度的能力。

苏丹如此热衷于军事改革的原因之一是他觉得自己的处境并不安全。最近的战争耗资巨大，引起了许多不满。如果你忽然看到店主在正常营业时间关门，你会知道麻烦正在酝酿。你最好赶紧回你的住处。

食物短缺是另一个引起不满的明显原因。战争时期，当必需品都被转运给前线的军队，这个问题总是更加突出。难怪政府如此努力地确保定期供应。它非常清楚，如果小麦是"黑的，满是泥土而且发臭"，人们会如何反应，这样的情况已经发生过不止一次了。一群因为食物稀缺而愤怒的土耳其女人，举着顶端挂着肝脏和肠子的杆子在街上游行，她们走到巴耶济德清真寺并在那里向苏丹请愿，让苏丹十分难堪。

一名特别的士兵

苏丹最出色的将军是一位法国冒险家，他出生于1675年，名叫克劳德·亚历山大，即博纳瓦尔伯爵。他在路易十四的皇家卫队中担任军官，从此开始了他的军事生涯。

遗憾的是，他傲慢无礼，脾气暴躁。

在被法院起诉并判处死刑之后，他逃往德国，在欧根亲王领导的奥地利军队成为一名少将，英勇对抗法国人。

在和他的奥地利雇主发生争吵之后，他第二次被法院起诉和判处死刑，并被奥地利君主流放。

他开始为奥斯曼帝国政府服务，并改信伊斯兰教。

艾哈迈德帕夏为众人所知，被任命为土耳其炮兵司令。

绰号为赫姆巴拉西（"炮兵"）的艾哈迈德帕夏帮助奥斯曼人成功抗击了奥地利人和俄国人。

博纳瓦尔也是那个时代很多大人物的朋友，这些人包括卡萨诺瓦和哲学家孟德斯鸠、莱布尼兹。

三年前的1747年，他在伊斯坦布尔去世。

> 一个极具战争天赋的人，能言善辩且风度优雅，非常骄傲，挥霍无度，极其放荡，还是有名的掠夺者。
> ——当代人对博纳瓦尔伯爵的描述

法律和秩序

> 我相信,欧洲任何城市的警察都不像君士坦丁堡这般管理有序。
>
> ——查理蒙特勋爵

你在这里住了一段时间以后,可能感觉伊斯坦布尔的生活看起来非常奇怪,而且你可能会觉得土耳其司法观念令人难以理解。你可能已经听说过苏丹行为独断专制的故事了,他们出了名的残忍,一时兴起就处死人,还大肆使用酷刑。在托普卡帕宫,据说如果苏丹打开沙发上方的格子窗户,或者在接见某人时跺脚,那就暗示着立即处决,而且通常是绞刑。你甚至可能在帝国之门外的壁龛里看到一位官员被砍下的头颅(重要官员的脑袋会挂在第一庭院)。

但这还不是全部情况。苏丹是国家元首,他是遥不可及的人物,一生中大部分时间都隐居在托普卡帕宫。尽管如此,他喜欢

穆夫提[1]是重要人物,是级别最高的穆斯林牧师之一

---

1 穆夫提(mufti),是伊斯兰教教法说明官。

展现出亲民的形象。当苏丹在底万或者在街上骑马去清真寺参加周五祈祷时，他会接受民众的请愿。有一些请愿者是从帝国遥远的地方赶过来，希望告诉君王他们正遭受着饥饿或是贫穷，又或者他们的货物被掠夺，女人被越过边境的敌人所奴役。更多时候，这些请愿是关于腐败的收税者的敲诈行为，甚至是指控包括大维齐尔在内的政府大臣的无能。毫不奇怪，大维齐尔努力在苏丹收到请愿之前将他们拦截下来。

奥斯曼帝国的法律体系由不同的起源发展而来，因此复杂难懂。苏丹颁布法令，但伊斯兰教法更重要，它是以《古兰经》为基础的伊斯兰教神圣法律，影响着日常生活的各个方面，并通过补充条例不断更新。举足轻重的管理宗教法律的机构称为乌里玛，那是一群管理清真寺的学识渊博的人。从他们颅顶缠绕的白纱就可以很容易地认出他们。乌里玛的职位很受欢迎，因为他们不需要纳税。乌里玛有四个等级：伊斯兰教教长、穆夫提、伊玛目和毛拉。告诉你一些伊斯兰教法的权力，苏丹在宣战或者征收新的税赋之前，甚至是禁止印刷许可之前必须得到伊斯兰教教长的批准（这是为什么你在伊斯坦布尔看到的新书相对较少的原因之一）。一个世纪之前，当穆拉德四世试图实施全面禁烟令之后，是伊斯兰教教长取消了禁令，所以所有伊斯坦布尔人都应该感谢教长让他们获得了重要乐趣之一。你会在第八章了解到更多关于伊斯兰教、伊斯兰教法和不同宗教官员职能的内容。

如果你觉得这个法律体系比较混乱，那你可能还会对日常生活的残酷压力感到震惊。你会听到一些恐怖的故事，比如不诚信的商人会被钉子穿过耳朵钉在店门口；作伪证的人被强制游街，

五 苏丹、大维齐尔、大使和禁卫军

倒坐在驴身上并抓住驴尾巴，同时忍受公牛的内脏从他头上泼下。你不太可能看到小偷被绑在大炮口向大海发射，这曾经是一个传统的惩罚；取而代之的是，小偷被要求吞下一端绑着石头的绳子，然后人们把绳子拉出来，让罪犯恶心难受。

死刑一般为斩首，通常在凌晨执行，所以你不太可能会看到被蒙住双眼的罪犯跪着被刽子手一刀处死的情景。但是，你可能会看到一具尸体悬挂在一栋房子门外。这是因为在行刑之后刽子手会在周边转悠，敲各家的门并索要礼物，如果有人胆敢拒绝，他就会把尸体挂在那家门外。三天之后，尸体被取下并放到绞刑架上。有时候，罪犯将面临一种更恐怖的死亡。他的衣服被脱到只剩下亚麻短裤，双手被绑在身后，然后被一根系在绞刑架滑轮上的绳子拉起来，再被放到一个铁钩上，挂在那儿等死。相比之下，女性罪犯的命运倒没有这么可怕，她们被处死的方式通常为溺死。

他们告诉我们一些土耳其少有的廉洁法官的例子；我听说过一个，但是一个也不认识。

——詹姆斯·波特爵士

尽管如此，这个司法体系是有效的。在每一个居住区都有官员确切了解他们地区发生了什么。他们惩罚违法者，管控不道德的活动，例如卖淫，在发生动乱时向当局汇报任何可疑的情况。夜里这些官员跟随值班警察巡逻，这在阻止违法犯罪者方面非常有效。这些值夜的人静静地在街上来回走动，手提着带有遮光装置的灯笼，只有在逮捕不法之徒时才会把它们打开。值夜人还特别留意进入女性房子的陌生男人。如果他被发现，很快就会被逮捕并被带走。如果你想和穆斯林女人约会，那要小心了，因为对双方的惩罚都是死刑。如果值夜人抓到一个小偷，他会失去一只手，或者遭受笞刑，即用棍子鞭打双脚脚底，那是一种非常常见的处罚。

查理蒙特勋爵去年才到这里，因此可以很好地评判当前的状况，土耳其人遵纪守法的行为给他留下了深刻印象："我相信，欧洲任何城市的警察都不像君士坦丁堡这般管理有序。很不幸，在我们的城市，入室行窃和当街抢劫非常常见，让居民感觉不快且没有安全感，但这些在土耳其的大都市从来没有发生过。一个人可以在夜里任何时候走在大街上，或者甚至睡在街上，口袋里装满钱都完全不用害怕，也不会有被骚扰的危险。"这和他认为西欧城市特有的"野蛮暴力行为"形成鲜明对比。

尽管伊斯坦布尔的法官大人抱着乐观的态度，但是这个城市绝非没有犯罪行为。暴力和盗窃可能相对比较少见，但是贪污受贿就普遍得多，涉及所有社会阶层。正如一句土耳其谚语所说："鱼头最先开始发臭。"证人被收买以及伪造文件签名的情况经常发生。当然，重要的是要记住，如果你和法律官员打交道，即使是法官这样的高层人物，你也应该准备给他一点好处。你会发现，如果被告给公诉人和法官一笔钱，他通常会在法庭上逃脱惩罚。这种情况如此普遍的一个原因是因为司法机关卖给了出价最高的人。因此，成功的申请人非常希望收回他的钱，而最简单的办法就是从出现在他面前的人那里收取贿赂。

六 必看景点

伊斯坦布尔有如此多的东西可看,你有非常多的选择。许多最好的景点都在托普卡帕宫附近的苏丹艾哈迈德地区。为了充分体验伊斯坦布尔的历史文化,本书选入了一些最美的清真寺,有些是大型的(阿亚索非亚[1]、蓝色清真寺和苏莱曼清真寺),另外一些则小得多(小阿亚索非亚、卡里耶清真寺和鲁斯坦帕夏清真寺)。其中的三座(阿亚索非亚、小阿亚索非亚、卡里耶清真寺)曾经是拜占庭教堂,这表明伊斯坦布尔的艺术文化丰富而历史悠久。如果你要参观这些清真寺,必须要十分小心:非穆斯林是不允许进入的,所以你需要乔装打扮,建议和一名穆斯林一起去,他会告诉你该做什么。一定不要在周五的时候或是祈祷的时候去。你还会在第八章了解到更多关于伊斯兰教和清真寺的内容。除了宗教建筑,入选的景点展示了这个城市不可思议的文化多样性:古老的赛马场、壮观的陆地城墙、美丽的卡加洛格鲁浴场,以及到哪儿都能看到的地标加拉太塔。

---

[1] 原文 Ayasofya 一般译作圣索非亚大教堂,作者将其归入清真寺经典,故音译为"阿亚索非亚",避免混淆,当写作"Hagia Sophia"时译作圣索非亚大教堂,后文同。

阿亚索非亚（圣索非亚大教堂）[1]

阿亚索非亚是伊斯坦布尔最大的清真寺，这当然是穆斯林认为的，基督教徒并不认同。他们不会忘记，它也许是近一千年来基督教世界最大的教堂。现存的这座宏伟的建筑是拜占庭皇帝查士丁尼于公元532年至537年花费五年时间建造的，是非常了不起的工程壮举。

> 这神圣的早晨终于来临，这座新建的神殿大门正在打开，铰链嘎吱作响，邀请皇帝（查士丁尼）和人们进去；当其内部展现在人们眼前，悲伤之情从所有人的心中流逝，此时太阳照亮了神殿的辉煌。
>
> ——示默者保罗关于查士丁尼大帝在公元563年圣诞前夕的黎明进入圣索非亚大教堂时的描述

对于拜占庭人来说，拥有宽阔而较浅的圆顶的圣索非亚大教堂（如他们所知）是"人间天堂，上帝荣耀的皇冠"，它近乎奇迹般的抗地震能力毫无疑问证明了这一点。希腊人仍然引以为豪的是，这座长方形基督教堂或清真寺（他们应该这么称呼它）的朝向是冬至日太阳升起的方向，而不像所有的清真寺都应该的那样面向麦加的方向。

在这座建筑漫长的历史中最令人痛苦的一刻发生在1453年5月28日的晚上，奥斯曼人聚集在城墙外，拜占

---

[1] 圣索非亚大教堂的第一座建筑始建于公元325年君士坦丁大帝统治时期，后因战乱受损，历经毁坏和修缮、扩建。公元532—537年，查士丁尼皇帝进行重建。1453年，奥斯曼土耳其人征服君士坦丁堡，圣索非亚大教堂随即被转换成阿亚索非亚清真寺。圣索非亚大教堂的英文名为 Hagia Sophia，意为"神圣智慧"。

庭最后一位皇帝君士坦丁十一世和一群担惊受怕的市民一起静静地守夜祈祷。第二天早晨，在奥斯曼帝国的最后一轮进攻中，君士坦丁十一世战死在城墙上。当"征服者"穆罕默德骑马进城时，他无视他残暴的军队掠夺和破坏造成的场面，直接奔向圣索非亚大教堂去庆祝他的胜利，并下令立即将其改为清真寺。

穆斯林和基督徒都会欣赏阿亚索非亚的建筑之美，而且不遗余力地对其进行装饰。你可以观赏由红绿斑岩和古绿大理石建造的柱子，上面雕刻着精致的阿坎瑟斯叶和其他叶子纹饰，中殿和楼上的走廊镶嵌着精美的拜占庭马赛克。即使名声最坏的皇帝也会在马赛克图案上显得光彩夺目，比如娶了四位妻子的利奥六世，他的弟弟亚历山大也短暂在位，不过他在一次醉酒后的马球游戏中死于中风，皇后佐伊被她的敌人以某种理由

查士丁尼

在查士丁尼（527—565年在位）的统治下，拜占庭帝国的版图达到了极盛。帝国杰出的将领贝利萨留斯和纳尔西斯夺回了许多古罗马帝国的领土，其中包括希腊、巴尔干地区、意大利、叙利亚、巴勒斯坦，以及北非大部分地区和西班牙南部。

查士丁尼是一位伟大的立法者——他对所有现行的罗马法律进行了编纂整理，并收录在《国法大全》里。

查士丁尼得到了他伟大的妻子狄奥多拉皇后的鼎力相助——她年轻时就是个不一般的女孩，曾经是一个据说了解书里所有技巧的妓女。

查士丁尼统治了艺术的黄金时代，他最伟大的作品就是圣索非亚大教堂的宏伟建筑——当它竣工时，这位皇帝大呼："啊，所罗门，我已经超越你了。"

查士丁尼大帝的臣民们对于他穷奢极侈花费巨资支持的艺术根本没有兴趣，这也是尼卡暴乱发生的一个主要原因。

指控为疯狂的色情狂。他们和其他皇帝曾经坐在花纹大理石加冕广场一座美丽的宝座上,这个广场也被称作世界的中心,就在伊玛目朗读《古兰经》的大理石广场旁边。当你通过勇士前厅离开

阿亚索非亚(拜占庭称为圣索非亚)大教堂宽敞的内部空间比它的外部更加壮观;令人惊讶的是,它已经有一千两百多年的历史了。它作为清真寺存在的时间只有三百年

阿亚索菲亚，你可以看到最伟大的皇帝君士坦丁大帝和查士丁尼大帝，当皇帝在教堂里做礼拜时，他的侍卫们就在勇士前厅等候。他们被刻画在正门上方的马赛克图案里，向坐在他们中间的圣母介绍君士坦丁堡和圣索非亚大教堂。

这样一座历史悠久的著名建筑，吸引了各种各样的传说。你会看见一群朝圣者围着位于西北角的神奇匠人圣格雷戈里纪念柱。女人们坚信，如果她们亲吻包裹柱子的黄铜或者用身体的某个部位在上面摩擦，她们的生育能力就会提高；男人们则希望这会治好他们的眼疾。最浪漫的传说之一是，当1453年土耳其人从柱廊大厅闯进来时，一位拜占庭主教正在主持弥撒。他爬上楼梯到画廊，从一扇小门消失了，而那扇门立刻变成一堵石墙。奥斯曼士兵似乎曾尝试穿过去，但未能成功。据说，柱廊大厅恢复基督教祈祷的那一天，主教将会从那扇门出现，从他离开的那个时刻开始继续主持弥撒。

在穆罕默德的领导下，奥斯曼帝国的建筑师一直对这座建筑给予应有的尊重。据说奥斯曼帝国最伟大的建筑师锡南的整

拜占庭马赛克和反对圣像崇拜者

制作马赛克是一项极为复杂和精细的工作，需要把成千上万个镶嵌片（玻璃片）摆成精美的图案。

因为大量使用黄金，它还特别昂贵。

几个世纪以来，拜占庭的马赛克镶嵌师学校被认为是世界上最好的，他们的服务需求遍布地中海地区。

圣索非亚大教堂的马赛克真的非常精美，所有的马赛克都制作于公元843年之后——那些在此之前制作的都已经被反对圣像崇拜者毁坏，他们在前一个世纪统治着帝国。

个职业生涯都在努力超越它（请看下文苏莱曼清真寺的内容）。苏丹穆拉德四世非常欣赏这座建筑，他有一个木制箱子，里面装满了夜莺并安放在南门外面，这样他可以在出席周五祈祷会的时候聆听夜莺的歌唱。当伊玛目登上米哈拉布[1]诵读《古兰经》里的内容时，他手握出鞘的弯刀来表明这座清真寺是由征服所得。

荣耀归于上帝，他已认定我适合完成这个作品。
所罗门，我不比你差。[2]
——查士丁尼

也难怪苏丹们都希望被埋葬在这里。在阿亚索非亚外，你可以观赏到很多苏丹的坟墓和四座修长的宣礼塔，坟墓上装饰着伊兹尼克瓷砖。就在最近，阿亚索非亚建筑群的东南角建起一座带有中式屋顶的漂亮的喷水池，用于行净身礼。

蓝色清真寺

哦，上帝！这是你的奴隶艾哈迈德的功劳，
请让它在您眼前被认可吧！

——艾哈迈德一世

---

1 mihrab，即"壁龛"，伊斯兰教清真寺礼拜殿的设施之一，是设于礼拜殿后墙正中处的小拱门。
2 当圣索非亚大教堂重建完成后，查士丁尼看到这座建筑时情不自禁地这么说。所罗门王是耶路撒冷第一圣殿的建造者。

苏丹艾哈迈德清真寺，即众所周知的蓝色清真寺，拥有大量穹顶和半圆顶，是伊斯坦布尔最伟大的瑰宝之一。如果周五中午你在它附近，你可能会看见马哈茂德一世领着一列华丽的随行队伍来向上帝祈祷。从西门到庭院挂着一条铁链；苏丹是唯一可以骑着马进入宽敞的清真寺庭院的人，穿过入口时他不得不低下头，以免碰到铁链。一个世纪前的苏丹还会迎面看见三十名官员在庭院中央的梧桐树下紧张地等候。接着，苏丹踏上一个装饰着华丽织锦的脚凳下马，在行净手礼之后走进清真寺。

清真寺的内部被 20000 块蓝色伊兹尼克瓷砖贴满，大多数镶嵌成不同的郁金香图案，它为如此强大的帝王与神沟通提供了相匹配的环境。如果你仔细看看那些枝形吊灯，你会注意到里面装有鸵鸟蛋。这是因为穆斯林坚信蜘蛛厌恶它们，所以这样可以避

蓝色清真寺的穹顶和宣礼塔高耸在苏丹艾哈迈德山上

免产生蜘蛛网。

　　建造一座宏伟的清真寺并不总是好主意，特别是如果你没有赢得任何提供修建清真寺资金的军事胜利。苏丹艾哈迈德一世对1609年至1616年间建造的蓝色清真寺过分自豪，他甚至还在工地上帮助工人，珍贵的长袍上沾满了尘土。当地人对此没那么热情，他们恶狠狠地抱怨被迫缴纳重税，同时，众所周知他们自命不凡的苏丹沉迷于和肥胖的黑人女孩纵酒狂欢。很多批评都针对这是唯一一座拥有六座宣礼塔的清真寺这一事实，虔诚的穆斯林指责这是艾哈迈德一世企图与麦加建筑相抗衡的渎神之举。对此满不在乎的苏丹则下令在麦加的清真寺旁增建一座宣礼塔。

　　从蓝色清真寺竣工那一刻起，也就是在艾哈迈德一世去世那一年，这座清真寺与托普卡帕宫的密切关系意味着它在奥斯曼帝国的政治中发挥着关键作用。苏丹艾哈迈德一世的继承者穆斯塔法一世非常愚蠢，很快就被年轻的

> **伊兹尼克瓷砖**
>
> 15世纪晚期，位于土耳其东部的伊兹尼克镇成为繁荣的陶瓷产业中心。
>
> 受中国瓷器的启发，伊兹尼克工匠生产出瓷碗、瓷罐和最高品质的瓷砖。
>
> 它们由黏土和水的细腻混合物制成，带有一层透明的釉——它们不是纯正的瓷器，几个世纪以来瓷器的秘密一直都是中国人独占的领域（虽然制作过程最近被梅森的撒克逊人掌握）。
>
> 伊兹尼克瓷砖的典型色彩是深蓝色和白色，有时添加绿色和鲜艳的番茄红色。
>
> 除了蓝色清真寺，还可以从托普卡帕宫、苏莱曼清真寺和鲁斯特姆帕夏清真寺寻找最高品质的伊兹尼克瓷砖。

奥斯曼二世所取代。但结果证明奥斯曼二世并没有更好，主要的政治家和宫里的人以及禁卫军就在蓝色清真寺会面并策划了对他的废黜。就在几十年前，相似的情景曾经发生，并导致穆斯塔法二世被废黜。蓝色清真寺还曾是暴乱的发生地。1648年，精锐的西帕希[1]拒绝出发攻打克里特岛的威尼斯人，他们在这里被禁卫军屠杀，杀戮如此血腥以至于围墙的大理石都被他们的鲜血染红。

不要错过蓝色清真寺围地外的陵墓。他们包括艾哈迈德一世的妻子、杰出的柯塞姆苏丹，她的儿子是伟大的勇士穆拉德四世，及其不幸的同父异母兄弟奥斯曼二世。

竞技场

竞技场位于蓝色清真寺前面的广场，见证了伊斯坦布尔历史上最不平凡的年代。不过如今这个区域不是那么体面，尤其是晚上，英俊的年轻人会到这里与情人会面。自从君士坦丁大帝在公元330年5月11日迁都（拜占庭）开始，这里就是帝王和将军们庆祝胜利以及拜占庭人嘲笑被废黜的统治者遗迹之所。

在早期，竞技场因战车竞赛而闻名，多达十万名狂热的支持者来观看比赛。拜占庭人和他们的土耳其后继者一样对马特别感兴趣，支持者的狂热经常引起麻烦。位于广场中央的古埃及方尖

---

[1] sipahi，奥斯曼土耳其帝国的军事封建地主骑兵，和后起的禁卫军共同构成了奥斯曼土耳其帝国的常备主力军队，二者是奥斯曼土耳其帝国的两大军事支柱。

竞技场是伊斯坦布尔许多庆祝活动的中心

碑底座上的浮雕非常清楚地展示了这一点。它们描绘了竞技场里的重要活动,包括狄奥多西[1]大帝和他的家人观看战车比赛。

如果你已经去过威尼斯,就可能已经观赏过圣马可大教堂外墙上精美的青铜战马。这些青铜战马曾被安放在竞技场最显眼的位置上,直到威尼斯人在 1204 年的君士坦丁堡大劫中抢走了它们。在奥斯曼帝国统治下,竞技场被用于各种不同类型的庆典。早在 16 世纪,当地人在这里享受了一个长达 52 天的节日,来庆祝苏丹儿子的割礼。

具有历史感的希腊人可以观赏位于竞技场西南端的蛇形柱。传说它曾经矗立在德尔斐的阿波罗神庙中,表示对公元前 479 年

---

[1] 狄奥多西一世(Theodosius,379—395 年在位),罗马帝国的君主,他建立的狄奥多西王朝是罗马帝国正式分裂为东西两部分之前的最后一个奴隶制王朝。

六 必看景点

伟大的普拉塔亚战役胜利的感恩。公元324年，这根蛇形柱被君士坦丁带回城里，但并不是每个人都对它表示出应有的敬畏；1700年4月的一个夜晚，波斯大使馆一名醉酒的工作人员砍掉了这些蛇的脑袋。

在竞技场的西面是易卜拉欣帕夏的宫殿，他是奥斯曼帝国巅峰时期苏莱曼大帝的大维齐尔。易卜拉欣帕夏过去常常邀请他

> **战车比赛和尼卡暴乱**
>
> 拜占庭时期，蓝党和绿党是不共戴天的敌人，他们狂热地支持各自的战车队。
>
> 蓝党代表保守的上层阶级和中产阶级，绿党是激进的下层阶级的维护者。
>
> 蓝绿两党之间最激烈的暴乱发生在公元532年，查士丁尼的大将军贝利萨留斯在竞技场屠杀了绿党的三万名成员，暴乱以悲剧收场。

耶莱巴坦地下水宫从前是拜占庭的蓄水池,这个景象展现出它是一个多么有氛围的游览地

的苏丹朋友到他家阳台上观看同业公会游行和其他庆祝活动。他如此自信地在宫殿外安放了异教徒的神赫拉克勒斯、阿波罗和戴安娜的雕像,这让虔诚的穆斯林感到非常惊奇。但是,和许多大维齐尔的情况一样,他的地位比看起来更不稳定,他豪华的生活方式引起了苏莱曼大帝妻子洛克塞拉娜的嫉妒。洛克塞拉娜决定除掉她的对手,她私下里花了大量时间向她的丈夫说了很多恶毒的想法。1536年的一个晚上,易卜拉欣帕夏在和他的君主享用了一顿私密的晚餐之后,就被领受苏莱曼旨意的哑巴勒死了。

离开广场的时候,不要错过其北面不远处那座特别的地下水宫。它被称为大教堂地下水宫或耶莱巴坦地下水宫,是一座令人惊叹的建筑(长度是竞技场的三分之一,宽度是其二分之一)。它始建于查士丁尼时代,曾经用于向拜占庭帝王的宫殿供水。1544年,它被法国古文物研究者彼得鲁斯·吉利乌斯无意间发现。他这样描述他参观地下水宫时的情形:"我登上一艘小船,主人手握着点亮的火把,划着船在柱子间来回穿行,就像穿过森林一样,这些柱子深深地立在开阔的水面上。"伊斯坦布尔还有其他庞大的地下水宫为房舍、商店、浴场、喷泉供水,并灌溉公园和果园，但是耶莱巴坦地下水宫是其中最大的。

小索非亚清真寺

  这是伊斯坦布尔较小的清真寺里面最漂亮的一座，从前是拜占庭教堂，被称为圣塞尔吉乌斯和圣巴克乌斯教堂，始建于查士丁尼时代（塞尔吉乌斯和巴克乌斯是因为信仰被处死的罗马士兵）。作为这个城市许多被改建为清真寺的教堂中的一座，它的平面图是一个独特的八角形；柱子和柱顶上的雕刻非常精美。16世纪早期，有权势的胡森阿加支付了改建的费用，他是哈来姆的黑人太监首领。

陆地墙

  修建这些庞大的防御工事是历史上最非同寻常的绝望行为之一。公元5世纪早期的一场地震摧毁了这些城墙，在那之后君士坦丁堡似乎向匈奴王阿提拉的部落敞开了大门。但是，在狄奥多西二世的驱使下，市民们没日没夜地干了仅仅两个月就重建了城墙。在接下来的一千年里，陆地墙让君士坦丁堡在面对一波接一波的匈奴人、斯拉夫人、阿拉伯人、波斯人入侵时免受攻击。这些防御工事从马尔马拉海延伸到金角湾，长达6.5公里。如今这些陆地墙破败不堪，长满了青草和野花，但是仍然非常壮观，令人惊叹。它们由一系列双重城墙构成，内墙高11米，厚4.5米，由一片宽阔的平台相连接。城墙由96座塔楼和一条非常深且宽的护城河进一步加固。

其中最值得注意的一处景点就是马尔马拉海附近的金门，它是狄奥多西大帝于公元390年左右建造的一座凯旋门。这座凯旋门原来通体镀金，拜占庭帝王们历来都由此门进城，以纪念加冕或庆祝胜利。它是被称作"七堡垒"的耶迪库勒堡垒的一部分，后者多年来都被用作监狱。

很多大使都曾被囚禁在城堡入口处的塔楼里，其中有些人带着绵绵不绝的悲伤将名字和日期刻在城墙上。这里处决的最有名的犯人是1622年被处死的时年17岁的奥斯曼二世，他也许已经精神失常，他的罪行之一是射杀实习骑士以练习射箭。经过四年的暴政，他的禁卫军用弓弦将他勒死，终于复仇成功。如果你有血腥残暴的倾向，且有机会去参观，就不要错过这个"鲜血之泉"，那些被砍下的人头在冲入大海之前，都扔到了这里。

君士坦丁堡的衰落

1453年4月，穆罕默德二世刚成为苏丹，他的军队就来到陆地墙之前。

历经七个星期，虽然奥斯曼人进行了持续轰炸并发起四轮进攻，但是人数众多的希腊和热那亚守卫者们坚守阵地。

土耳其人最强大的武器是巨大的加农炮，炮身长7.3米，被匈牙利叛徒丢下，可以向1.6公里之外发射炮弹。

5月29日，穆罕默德的精锐部队禁卫军最终从最薄弱的点位攻破了城墙，并从那里冲过吕克斯河河谷。

拜占庭帝国最后一位皇帝君士坦丁十一世和热那亚将领朱斯提尼亚尼死于这场殊死之战。

难怪穆罕默德在攻破这些巨大的城墙后把自己称为"征服者"。

卡里耶清真寺

如果你想去一些别人不常去的地方,伊斯坦布尔城里最美的小清真寺之一就坐落在陆地墙之内,它曾是柯拉[1]的救世主教堂。你可能会在伊斯坦布尔遇到一些谈论这座建筑的希腊人,这是他们的祖先建造的最美的建筑之一。你需要锲而不舍地去寻找卡里耶清真寺,但这非常值得,特别是在你已经被圣索非亚大教堂的拜占庭马赛克震撼的情况下。卡里耶清真寺拥有砖砌的圆顶,外观非常简单,完全看不出其内部的丰富。虽然卡里耶清真寺的内部被石膏和尘土所覆盖,但还是非常令人惊叹。其墙面甚至是天花板都装饰着描绘耶稣基督和圣母生活的镶嵌画或壁画。如果你能透过尘土仔细欣赏,你将对镶嵌画和壁画作者的技艺叹为观止。

这些镶嵌画是为拜占庭当地一位艺术资助人西奥多·梅托契特斯制作的,他是14世纪初的拜占庭高级官员。1453年土耳其人攻破君士坦丁堡,陆地墙上发生了一场激烈的战斗,距离陆地墙几米远的教堂幸免于难。但是,教堂中最著名的物品,被认为是圣吕克本人画的一幅肖像画丢失了。16世纪初,宫廷中最有权势的太监阿提克阿里帕夏将这座教堂改建为清真寺。

鲁斯坦帕夏清真寺

如果你想看看奥斯曼高级官员可以从职位中获得什么利益,

---

1 卡里耶(kariye)、柯拉(Chora)意思为城外、乡村或田野中。

就去参观非常富有的鲁斯坦帕夏委托修建的迷人的清真寺，他是苏莱曼大帝的大维齐尔。如你所料，鲁斯坦帕夏只想要最好的，所以他请了著名的建筑师锡南。鲁斯坦帕夏清真寺的特别之处在于它的位置，它高耸于香料巴扎周边迷宫一般的街边商店之上。它那不起眼的大门隐藏在一些草编商店上方，很容易错过。清真寺的内部全都覆盖着非常精美的蓝色、白色和番茄红的伊兹尼克瓷砖，极其富丽堂皇，与隐蔽的入口形成鲜明对比。每一根柱子、米哈拉布甚至临街的外墙都覆盖着带有花卉和几何图案的装饰。

像很多最重要的官员一样，鲁斯坦帕夏来自奥斯曼帝国的基督教省份。他是克罗地亚人，经过帝国的层层选拔晋升至大维齐尔，曾两次为苏莱曼大帝效力。他最明智的事业变动是于1539年迎娶苏丹的女儿米赫丽玛赫。人们普遍认为鲁斯坦帕夏贪婪且唯利是图，因此他与米赫丽玛赫的婚姻引起了极大的异议，他的反对者散布谣言说他患有麻风病。作为回应，这位大维齐尔请来一位医生检查他是否有虱子，众所周知，虱子对麻风病人过敏。当医生告诉他，他身上确实满是虱子，他就可以迎娶他的公主了。

当你在欣赏这座清真寺的美丽时，也许最好不要想起这位满身虱子的人，他委托建造了这座清真寺，他如此讨厌诗歌，与他同时代的土耳其诗人都戏称他为"撒旦大臣"。鲁斯坦帕夏利用工作中饱私囊，1561年他去世后留下了巨额财产，包括1700名奴隶、2900匹战马和1106头骆驼。

卡加洛鲁浴场

正如我们在第三章看到的,土耳其浴场在伊斯坦布尔的社会生活中发挥着重要作用。这在西欧人看来一定很奇怪,因为他们只能接受一年洗几次澡,而伊斯坦布尔人非常享受去浴场洗澡,一个礼拜要去好几次。洗浴是社交聚会的时间,也是做生意、获取信息和闲聊的机会,特别是对女人们来说。卡加洛鲁浴场设在一座漂亮的建筑里,这是你最可能见到重要人物的地方,如果你可以透过一团团蒸汽找到赤裸状态下的他们。它位于圣索非亚大教堂和大巴扎之间;更重要的是,它就在高门出来的拐角处。

卡加洛鲁浴场本体由马哈茂德一世建于九年前,模仿始于古罗马浴场的经典风格。它由男宾区和女宾区两个相同的部分组成,拥有热水和冷水房间、洗浴小单间和一个蒸汽房,在蒸汽房里你可以通过排汗带走身体的杂质,并在进入侧室洗浴之前享受有益健康的按摩。这些程序之后,你可以回到中央房间,在硕大的穹顶之下喝一杯茶放松一下。经营浴场是一桩好买卖:卡加洛鲁浴场的收益已经用来支付了在阿亚索非亚新设一所图书馆的费用。

苏莱曼清真寺

这个超级清真寺建筑群(库里耶[1])高高地矗立在伊斯坦布尔

---

[1] kulliye,指一种建筑复合体,以清真寺为中心,由一个团体管理,主要包括医院、厨房、面包店、土耳其浴场及其他提供慈善服务的建筑和附属建筑。

> **锡 南**
>
> 科卡·米玛尔·锡南（1491—1588），生于基督教家庭，在被苏莱曼指定为宫廷首席建筑师之前在禁卫军里担任军事工程师。
>
> 五十年来，他修建的建筑数量惊人，他是有史以来最多产的建筑师之一。他建造了131座清真寺、200座宫殿，以及数不清的浴场、学校、陵墓、医院、水渠和桥梁。
>
> 锡南选择葬在苏莱曼清真寺的属地，表明了他对这座建筑的依恋之情。

的第三座山上，它是奥斯曼帝国最伟大的苏丹苏莱曼大帝令人崇敬的纪念碑。据说苏莱曼大帝花费了250万金币用于这座清真寺的建设。幸运的是，他是一位非常成功的将军，他在军事征服中积累了巨额财富，所以可以负担建造清真寺的费用。苏莱曼清真寺建于1550年至1557年间，由苏丹的著名建筑师锡南设计建造，之后的几年，周边建筑的修建工作一直在持续进行。有意思的是，参加苏莱曼清真寺建设的一半工匠都是基督徒。锡南企图花费整个职业生涯来超越圣索非亚大教堂的辉煌，而将他在伊斯坦布尔最好的作品苏莱曼清真寺与其伟大的"前辈"进行比较，是非常有意思的。

当参观苏莱曼清真寺时，你会先穿过巨大的庭院，院子里竖立着斑岩、大理石和花岗岩的柱子，两侧安装了电缆塔，里面住着清真寺天文学家[1]。就像阿亚索非亚一样，苏莱曼清真寺宽敞的内部被高耸的穹顶和半圆顶所笼罩，营造出一种富丽堂皇的感

---

1 也叫穆瓦奇特（muwaqqit），即清真寺的"授时官"，最初是因为确定祈祷的时刻而在清真寺里设立穆瓦奇特官署，天文学家也因此获得了安全而受尊敬的社会地位。

觉。穹顶的重量能被外墙承受似乎不可思议，但是锡南非常巧妙地在外墙内部设计了扶壁。清真寺的装饰仅限于绝妙的伊兹尼克瓷砖、美丽的彩色玻璃窗，以及东墙上的铭文。

就像其他主要的清真寺一样，苏莱曼清真寺是一组大型建筑群中的一部分。这组建筑群就是一座微型的城市，包含了清真寺本身、位于陡峭的北山坡上的两所大学、两家医院（其中一家是精神病医院），还有一个浴场、一家客栈、一些马厩以及一个施粥场。大概有700人在这里工作，他们的薪水来源于从200个村庄获得的收入。不要错过公园里的坟墓，这里面包括苏莱曼以及他的妻子洛克塞拉娜的。令人惊奇的是，这里还有一个摔跤场。摔跤是土耳其人热爱的一项运动，因为据说穆罕默德就非常喜欢

壮观的苏莱曼清真寺是建筑师锡南的杰作，在图中的前景可以看到鲁斯坦帕夏清真寺

> ### 苏莱曼大帝
>
> 在苏莱曼漫长的统治期间（1520—1566），奥斯曼帝国的版图达到鼎盛，从阿尔及尔到克里米亚，从波斯湾到匈牙利平原。
>
> 他的征服带来了巨额财富——同样的衣服苏莱曼从来不穿第二次，而且使用镶有珠宝的金盘子用餐。
>
> 这样的辉煌为苏莱曼在西方赢得了"伟大"的称号；在土耳其，他是众所周知的英明的立法者。
>
> 苏莱曼的后宫有300名女人，但是他只钟情于其中一位。
>
> 她就是美丽的奴隶海赛克·胡伦，当苏莱曼娶她为妻时，为其取名洛克塞拉娜。
>
> 渴望权力的洛克塞拉娜说服她的丈夫处死大维齐尔易卜拉欣帕夏以及他最年长的儿子、继承人穆斯塔法，因此她自己的儿子可以继承皇位。
>
> 苏莱曼统治时期是艺术的伟大时代，特别是建筑、伊兹尼克陶瓷和书法。
>
> 　　我的女人拥有美丽秀发，
> 　　我的爱人有着高挑蛾眉，
> 　　还有着一双淘气的眼睛。
> 　　——苏莱曼写给他的妻子

摔跤（基督徒可能很难想象耶稣沉迷于和信徒们进行有点不严肃的摔跤活动）。

加拉太塔

　　如果你住在加拉太地区，你一定会注意到这座高高的尖顶瞭望塔，它是这个地区的主要地标。拜占庭人曾经把它当作观察哨来监视金角湾上的船运。现存的建筑始建于1348年，由占领君

六 必看景点

加拉太塔是伊斯坦布尔市欧洲部分的主要地标

士坦丁堡这个地区的热那亚人建造，他们在这里被授予贸易最惠国地位。他们把它称作基督之塔，并把它作为防御工事的顶峰，用于保护他们孤立的领地。爬上这座175米的高塔，你可以欣赏伊斯坦布尔的城市美景，特别是你脚下的欧洲地区。对于任何一位崭露头角的艺术家来说，这里无疑是描绘伊斯坦布尔的最佳地点，清真寺及它们的宣礼塔勾勒出天际线，画面的前景则是金角湾。

在被征服后的一段时间，加拉太塔曾是一座监狱，后来变成海军仓库。17世纪30年代，这里发生了一件非常奇怪的事情。作家埃夫利亚·塞莱比[1]写了一本回忆录（但并非全都真实可信）讲述他一百年前在奥斯曼帝国的旅行，记录了赫扎尔芬·艾哈迈

1　Evliya Celebi（1611—1683），土耳其旅行家、作家。

德·塞莱比尝试飞行的让人惊奇的故事:"首先,他利用风的力量,练习用鹰翼飞过奥克梅达尼的布道坛上方八九次。之后,当苏丹穆拉德汗(穆拉德四世)在萨拉基里奥角[1]的锡南帕夏宅邸观看时,他借助西南风,从加拉太塔的最顶端飞下,降落在于斯屈达尔的窦根希乐广场。"虽然苏丹对此印象深刻,还赏给这位飞行者一袋金币,但他也感到不安,评价说,"这是一位可怕的人。他可以做任何他想做的事情。不应该留着这样的人",接着很快就把他流放到阿尔及利亚。伊斯坦布尔本地人都对这个故事深信不疑,所以,即使你觉得这只是一个荒诞的故事,也不要在公开场合表达你的保留意见。

1　Sarayburnu,意为"皇宫角",是一个将金角湾和马尔马拉海分开的岬。

图一 图中身着华服的穆罕默德苏丹已经在位二十年

图二(下页) 以于斯屈达尔为前景的伊斯坦布尔远景

图三　圣索菲亚大教堂的穹顶隆起于群屋之上,近处有一些土耳其人在散步

图四（上图） 金角湾岸边的挂毯商人忙于生意
图五（下页） 大维齐尔身处一支正在穿过竞技场的游行队伍中，左边是蓝色清真寺，范莫尔绘

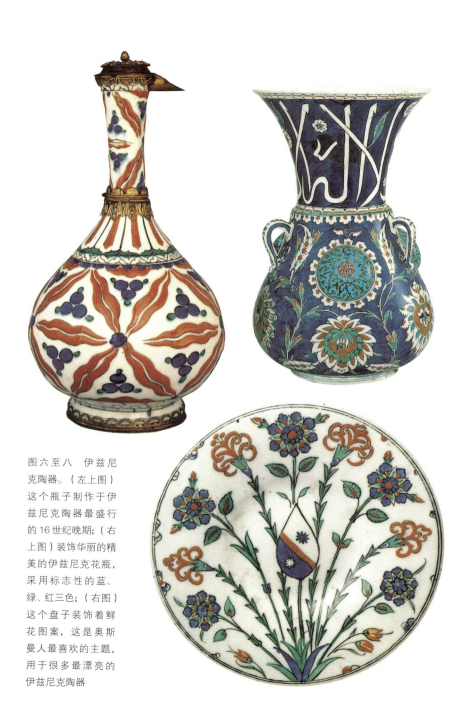

图六至八 伊兹尼克陶器。(左上图)这个瓶子制作于伊兹尼克陶器最盛行的16世纪晚期;(右上图)装饰华丽的精美的伊兹尼克花瓶,采用标志性的蓝、绿、红三色;(右图)这个盘子装饰着鲜花图案,这是奥斯曼人最喜欢的主题,用于很多最漂亮的伊兹尼克陶器

图九　范莫尔描绘了1727年荷兰大使科内利斯·卡尔科恩在托普卡帕宫觐见苏丹艾哈迈德三世的场景

图十（对页）　苏丹和侍臣们欣赏托普卡帕宫花园的美景
图十一（上图）　卡尔科恩和随行人员穿过托普卡帕宫的第二庭院
图十二（下图）　宽阔的第一庭院全景

图十三(左图) 后宫的女人们在托普卡帕宫花园里散步

图十四(下图) 一位欧洲艺术家对哈来姆里人来人往的印象——永无止尽的阴谋来源

图十五(对页) 苏丹半裸的妃子们正在哈来姆的浴室打扮自己;注意观察她们特别高的鞋子

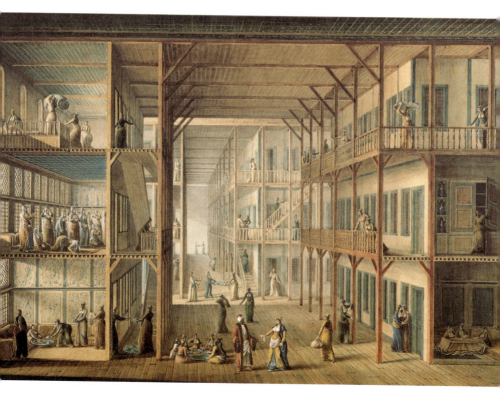

图十六（对页）　跳舞是一项很受欢迎的才艺，图中这位年轻的女性正在展示舞姿
图十七（下图）　旋转的托钵僧是伊斯坦布尔最特别的景观之一，如果可以的话尽量去看看

图十八 博斯普鲁斯海峡的航海节上,苏丹艾哈迈德三世在海滨住宅观看走钢丝的人表演

七 托普卡帕宫

> 后宫其实是一个宫殿和套房的建筑群,根据多位皇帝的突发奇想而建,不是单独的一座宫殿。它称得上伟大,也许是因为它是全天下最大的皇宫,居住在里面的人被称为"伟大的君主""皇帝的皇帝""国王的国王""王国和公国的分配者",以及"白海、黑海和红海的领主"。

——奥布里·德·拉·莫特雷

托普卡帕宫周边环境优美,可以俯瞰博斯普鲁斯海峡。自从征服者穆罕默德选择把新皇宫建在拜占庭古城的旧址上,这里一直就是苏丹的主要官邸。对于所有来到伊斯坦布尔的参观者来说,托普卡帕宫是一个非常迷人的地方,仅仅是因为参观机会非常有限。你可能会看到安放着苏丹宝座的宫殿,但是你主要的兴趣一定是作为禁区的哈来姆所在的内廷部分。这座皇宫的名字表明它具有双重功能:托普卡帕的意思为"大炮之门",是一个适合皇宫创建者的名字,他用大炮在君士坦丁堡的城墙上轰炸出一条路;相比之下,萨拉伊(sarayi)是闺房(seraglio,穆斯林住宅中女性居住的区域)一词的变体。据说当时苏丹的哈来姆曾有400名女人(皇宫里总共住着4000人),仅为了满足一个人的需求,这个数量很惊人,即使这个人是"地球上的上帝之影"。

第一庭院

你越往前走,这座皇宫就变得越隐秘,你会感觉有隐藏的眼睛在看着你从一个庭院走到另一个庭院。皇宫的布局基本由四个庭院组成,庭院之间被高墙隔开。第一庭院也被称为"禁卫军的庭院",是一大片没有铺砌的区域,向所有人开放。但是,入口处的50名护卫全副武装,身佩弯刀和轻型火枪,当你经过的时候不会做出任何让你觉得受欢迎的举动。

当你进入第一庭院时,第一印象是寂静,这里的气氛如此紧张以至于参观者都不敢咳嗽,就连马也走得更轻一些。只有皇家乐队的欢迎礼可以打破这种寂静,他们在黎明和黄昏会演奏一个小时,那表明一位大使和苏丹的会见结束。

庭院的中央矗立着几棵优质的梧桐树,但是,隐隐地透着

托普卡帕宫的景色表明了为什么这座皇宫会因坐拥全伊斯坦布尔最美的位置而闻名。进入内廷会受到严格的限制,如果你要参观就必须动动脑子

一丝不祥的气息,正如托普卡帕宫经常发生的那样。正常情况下,你可以欣赏禁卫军在树下行进的情景。但是,偶尔你会看到,其中一位士兵犯下某种十恶不赦的罪行,被悬挂在树枝上摇摆。禁卫军非常清楚自己独一无二的地位,他们会在这些树下把汤锅掀翻,作为发起叛乱的信号,近几年这样的事情频繁发生。

俯瞰第一庭院的那些

> ### 进宫之路
>
> 据说,在穿过帝国之门的主入口上方是一间后宫女人们用来观看各种队伍经过的房间。
>
> 门口两侧的壁龛具有更加邪恶的用途:它们被用来展示受辱的权贵被砍下的脑袋。
>
> 最气派的入宫方式是穿过铸铁大门——这是从海路到达的官员和外国权贵们进入皇宫的方式。
>
> 两艘皇家的轻帆船停泊在托普卡帕宫宫门外。如果苏丹决定要出航,它们一接到命令就可以马上起航。
>
> 大门两侧有两座方塔,设有两座巨大的加农炮,鸣炮以宣告重要的宗教节日。

建筑表明,这个庭院在皇宫的等级中级别相对较低。庭院右侧的一长排建筑设置了宫廷学校的实习骑士的医院。这里似乎总是满员,也许是因为这里没有形式僵化的奥斯曼帝国的仪式礼仪。这里的病人可以免费喝酒,有传闻说,病人甚至可以在经常到访的苏丹面前喝酒。据说,食品储藏间里装满了各种物品,从果子酱到毒药,甚至有被当作催情药大受追捧的太监尿液。

医院旁边的一堵空白的墙后是面包房,众所周知,面包房容易着火,所以被安排在比较偏僻的位置。这些面包房生产最好的白面包,苏丹和他的宠妃都非常喜欢。在医院对面是壮观的拜占庭风格的圣伊勒内教堂。这里早已不是东正教做礼拜的场所,而是被用作军火库和皇家铸币厂。金匠们在这里忙着为后宫的女士们制作珍贵的珠宝首饰。

另外50名凶神恶煞的士兵守卫在八角塔以及前方壮观的大门的锥形顶之下。如果你胆敢说话,他们会马上命令你保持安静。任何骑着马的人都会被命令下马;只有苏丹可以骑马穿过这些神圣的大门。土耳其人把这道门称作"致敬之门",虽然这也是执行死刑的地方。犯人通常会被一根丝绳或是弓弦处决,首席刽子手偶尔会用剑行刑,在这种情况下,他会在右边喷水池里把剑上的血冲洗干净。大门的旁边是两块石头,犯人被砍下的脑袋会被展示在这里。帕夏以上级别的人头会被钉在大门上方的铁刺上,级别低一些的人头就被扔在下方的壁龛里。

第二庭院

你在这种严肃的氛围里惊恐不安地走进第二庭院,这个庭院又称为"底万庭院",这个名称更广为人知。你需要编个谎话说你在执行公务,以此获准进入。这个庭院给人一种错觉。乍一看它是一片宁静的世外桃源,里面种着古老的柏树,建有喷水池,羚羊在草地上吃草。但是,这里也是监狱牢房所在地,那些冒犯苏丹的人在这里饱受牢狱之苦。其中最为有名的是被称为"鸟笼"的牢房,苏丹的兄弟们被关在那些门窗都堵上的房间里养大,完全与世隔绝,照顾他们的是聋哑人和被强制绝育的女人。这样至少他们可以免于兄弟互相残杀,这是从征服到17世纪初,每一位苏丹登基时都会发生的事情。让-克劳德·弗拉沙是一位住在伊斯坦布尔的法国商人，他记录了黑人太监首领哈奇·贝西尔阿加的描述。他讲述了对"王子监狱"的深刻印象和它"死气沉沉的样子"，以及住在里面的囚犯令人感到幽闭恐惧的生活，他们的一举一动都受到守卫太监的监视。

> 人类的技艺从来没有建立过一个更宜人的住所。
>
> ——埃夫利亚·塞莱比

你一定要看看设在一个壮观的门廊下的那间会议厅，从前奥斯曼帝国最高行政和司法议事机构底万每周在这里召开四次会议；现在，底万会议在位于高门的大维齐尔的府邸召开。底万会议召开期间，庭院里被5000名禁卫军塞满，他们站立着不发出一点声音，整个场面令人望而生畏。围绕着底万的墙是一些铺着毯子的矮沙发，大维齐尔会坐在中间，议会议员们坐在两边。在大维齐尔的头顶正上方是一扇格子窗，这样苏丹就可以偷听大臣们说话。底万旁边的房间设有大内金库，在这里从帝国各个地方收来的贡品和税钱被用来支付官员和禁卫军的薪资。

你可以在第二庭院的两侧看到一堆非常显眼的烟囱，它们属于托普卡帕宫那些巨大的厨房。没有人真正了解托普卡帕宫要消耗多少食物，但是据估计宫里每天要吃掉200头羊、100只小羊羔或小山羊、40头小牛、100只鹅以及数百只鸽子、鸡和珠鸡。

据推测，托普卡帕宫里一年要吃掉多达3万头公牛、

2万头小牛、6万头羊、1.6万只羊羔、1万只小山羊和10万只火鸡。宫里的厨房配有能装下一个人的大桶,用来晾干并腌制牛肉,还有可以同时烹制两到三头羊的大锅。

1732年,意大利伯爵马西格里提供了一份叹为观止的宫里定期消耗大量食物的清单:"大米、糖、豌豆、小扁豆、胡椒、咖啡、番泻叶、蛋白杏仁饼、海枣、藏红花、蜂蜜、食盐、柠檬汁渍李子、醋、西瓜、19.9万只母鸡、780车雪,以及制造煮锅用的锡和喂马的草料和饲料。"同样令人惊叹的还有食物安排的方式,上自苏丹、皇室的女性,下至黑人太监和端杯子的人等其他等级,都有各自的厨房。

第二庭院的中间是底万会议厅,远处是哈来姆的圆顶

七 托普卡帕宫

当大维齐尔主持会议时,苏丹从一扇格子窗后面听着底万会议厅里的进展

另一处值得仔细看看的建筑是苏丹的养马场。所有土耳其人都喜欢马,苏丹也不例外。养马场有几百匹优质战马,还有一批华丽的马鞍和缰绳,上面装饰着精致的珠宝,会在正式场合展示。但是,参观的时候要注意,养马场不远处有一扇门

永远锁着，还一直有黑人太监看守，那扇门通往严禁外人进入的女人们的住处。

这个庭院里最奇怪的就是戟兵，他们是必须戴着两条假卷发的仆人，卷发从头顶高高垂下，就像一对眼罩一样遮住双眼，防止他们在运送木柴进哈来姆的时候欣赏苏丹的女人。

第三庭院

进入第三庭院的最佳机会是混入外国大使的随行人员中。这个庭院一般只对高级官员和宫廷学校的成员开放，你得通过小道消息来了解苏丹的接待室、哈来姆以及黑人太监生活区是什么样的。第三庭院入口的名字足以激起你的想象力。它被称为"幸福之门"或者"白色太监之门"，而且被认为具有神秘的力量。就像通常一样，入口具有两个功能：这里是苏丹宣布即位的地方，也是不幸惹怒苏丹的官员被扔给暴徒的地方。你可能会看见某个有幸获准进去的人在穿过此门进入第三庭院之前亲吻门道。

那些见过第三庭院内部的人会提起那些漂亮的柱子。一进门就是宝座室，这是一座镶着珍贵的大理石和黄金装饰的小亭子，大维齐尔就在这里向苏丹报告。更重要的是，这是接待外国大使的地方，是一个令人敬畏的场合。

周围的建筑用于苏丹生活中私密的方面。宫廷学校里有300—400名年轻人，他们被训练来服务他们的主人。他们受过高等教育，掌握大量运动、宫廷礼仪、文学和《古兰经》方面的知识，会说流利的土耳其语、波斯语和阿拉伯语。40名最能干的实习助理会被选中处理苏丹生活的某个方面,包括打扫皇室寝宫以及照看苏丹的剑等等。这种对卓越的体力和精神的追求,意味着最优秀的那些实习助理往往会继续成长为大臣和大维齐尔。

这组最大的建筑群里设有著名的"幸福之家",里面包括苏丹本人的生活区以及哈来姆。通过少数获准进入这个私密内廷的人的描述,你可以对这些房间的布局以及居住者独特的生活方式有一些了解。苏丹生活区的主要房间是"皇家大厅",他在这里享受他宠爱的人带来的欢乐,聆听乐师在边座上演奏音乐,欣赏他的女人们唱歌跳舞。据说这些房间装饰着最上等的瓷砖,充盈着外面花园喷水池里水流落下的轻柔的声音。

每一位苏丹都会在前任的基础上进行增建。最后一位苏丹艾哈迈德三世建造了一座图书馆和一座全部被木制镶嵌板覆盖的餐厅,镶嵌板上还装饰着水果和鲜花。据说在这座餐厅里,苏丹坐在毯子上用镶嵌着宝石的金盘子独自用餐。一位仆人跪在苏丹面前侍奉,首席尝菜师穿着红色的裤子在一旁确保他的食物没有被下毒,厨师服务员拿着餐巾在旁边侍

苏莱曼大帝与他的大维齐尔待在这样的亭子里,这是托普卡帕宫令人愉悦之处

奉。其他负责水果、泡菜和制作冰镇果子露的仆人也会在苏丹想品尝他们的美味佳肴时列席。因为苏丹不使用餐具，所以其他仆人忙着把肉切成更容易消化的小肉片。

在第三庭院外有一座景色怡人的封闭的花园，里面满是漂亮的圆顶，在这里可以俯瞰博斯普鲁斯海峡和金角湾的壮丽景色。花园其中一部分是郁金香花园，深受艾哈迈德三世的喜爱，他的花卉专家把数以千计的球茎排列种植成圆形剧场的样子。四月满月期间，郁金香全部盛开，它们上方的树上挂着装有各色液体的玻璃球和养着金丝雀和夜莺的鸟笼。妃嫔们假装为苏丹举行集市，他享受着她们带来的欢乐，或者看着她们沉迷于寻找藏在草丛里的糖果。

马哈茂德三世就像他的前任们一样，在这里花几个小时看着他的嫔妃们在花丛中嬉戏，或者让哑巴和小丑在小人工湖里划船载着他来来回回。法国商人弗拉沙记录了苏丹如何下令关上大门，于是他的妃子们就像"一群蜜蜂"一样出现并"用最灵巧的媚态"展示她们所有的技艺，沉迷于"诗人们为丘比特和仙女们发明"的游戏。当马哈茂德三世最终做出选择，哈来姆的首席女仆就会把那位女孩带到他面前，他就会把自己的手帕扔给她。

哈来姆

（我的向导）将我指向墙上的炉栅，但是暗示我他自己可能不会去那里。当我来到那个炉栅前，发现

> 墙体很厚，而且两面都用铁磨得很结实，但是透过炉栅我确实看到苏丹的30位妃嫔正在另一个庭院玩球……
>
> 她们头上戴着金色布织的小帽子，只能遮住头顶。她们的脖子上没有围任何东西，胸前只戴着漂亮的珍珠项链和一颗宝石，耳朵上戴着珠宝首饰。她们的衣服像英国士兵的无袖宽松外套，有一些是红色绸缎，有一些是蓝色的，一些是其他颜色的；她们穿着一种用棉毛织成的细布做的马裤，像雪一样白，且像上等细棉布一样细腻，我可以透过裤子依稀看到她们大腿的皮肤。这些裤子长到她们的膝盖；有些人穿着上好的马臀革中筒靴，有一些人就光着腿，大腿根部戴着金环；她们的脚上穿着大概四到五英寸高的丝绒拖鞋。我站着观察她们太久了，那个原来对我那么友好的人开始对我非常生气。他歪着嘴跺着脚让我停止观看，我很不情愿，因为这些情景真的让我非常愉快。
>
> 托马斯·达勒姆，日记，1599—1600年
（达勒姆是华丽的管风琴和自动机器的发明者，
伊丽莎白一世赠送穆拉德三世的礼物）

哈来姆（这个词字面意思为"禁止"），或称后宫，一直都是当地人和外国人着迷的地方。它一直是一个神秘的地方，充满了传奇的奢华和隐秘的快乐。你也许会看到一辆带篷的马车从马车门冲出来，载着苏丹的女人们去其中一个行宫，或者瞥见黑人太监，他们唯一的工作就是日夜守卫。

数百个女人住在哈来姆，处在严格的等级制度的组织管理之下。在管家的监督下，有各种各样奇异的工作要做，管家因穿着毛皮长衫、戴着镶有珠宝的头饰、拿着银制手杖（她的职务标志）而非常突出。在她之下是监管生育、婚礼和割礼的礼仪侍女，照看苏丹孩子的女人，浴室的侍女，以及通常是哑巴的理发侍女，这样她就不会把听到的秘密泄露出去。哈来姆的中心是苏丹皇太后，就像蜘蛛位于蜘蛛网中央一样。据说苏丹皇太后住在华丽的套房里，里面装饰着精美的伊兹尼克瓷砖，家具都镶嵌着珍珠母和象牙，地板上铺着最好的波斯地毯。

社会的最底层是见习修女。这些是从奴隶市场买来的，或是被土匪或海盗绑架来的女孩。威尼斯大使奥塔维奥·伯恩曾在17世纪设法看到了她们的住处，记录了她们如何睡在一间可以容纳100个女孩的宽敞的宿舍里。他写道，她们受到严格的监视，甚至在夜里，每个年长的女人看管10个女孩，晚上也点着灯，禁止女孩们之间太过亲密。

伯恩还看到王子们在11岁之前接受教育的房间。他们学习宗教、文学、阿拉伯语和波斯语、天文学和科学。这些男孩里只有一位可以成为下一任苏丹，他们的母亲之间互相嫉妒，竞争激烈。不同母亲的王子都被分开抚养，以防其中之一会遭

在托普卡帕宫，一位苏丹正在欣赏哈来姆的女人们在他面前跳舞

遇"意外",这毫不奇怪。当伯恩参观为王子们修建的壮观的医院时,他记录道,男孩们的健康得到无微不至的照顾。他在药房看到非常多的药品和香料,包括磨碎的独角兽兽角和各种解毒药。

如果传言是对的,在哈来姆度过一生的妃嫔多数是鞑靼人、切尔克斯人、

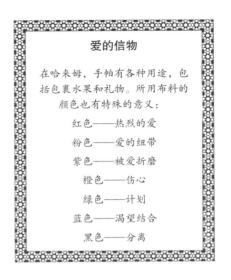

爱的信物

在哈来姆,手帕有各种用途,包括包裹水果和礼物。所用布料的颜色也有特殊的意义:

红色——热烈的爱
粉色——爱的纽带
紫色——被爱折磨
橙色——伤心
绿色——计划
蓝色——渴望结合
黑色——分离

格鲁吉亚人,这些种族据说盛产最美的女人,偶尔也有黑人女子增添一些异国情调。她们一到奥斯曼宫廷,就立即接受太监

跳舞被认为是苏丹哈来姆女子的一个重要技能,无疑也是吸引苏丹注意的好方法

妃嫔们需要掌握的另一个技能是演奏音乐

的严密检查,以免她们身体上有什么瑕疵。一旦她们通过这个检查,就被带去获得皇太后的认可。到这时她们将成为穆斯林,被赐予一个新的名字,这个名字代表她们的性格特点,或暗示美貌和肉体的欲望。典型的名字包括"小燕子""春天的玫瑰""圆月""甜蜜水晶",或是"迷人的她"。

现在,这些女孩要开始接受一段漫长的训练,过着

喝咖啡的仪式

土耳其人对咖啡的热爱丝毫没有减弱的迹象。

五个仆人在咖啡服务员的指挥下参与喝咖啡仪式:

第一个仆人端来一个黄铜托盘,托盘底下放着一个小火盆,散发着杉木的香气。

第二个仆人从水晶壶里把玫瑰水倒在苏丹或是他母亲的手指上。

第三个仆人递上一条绣着珍珠的小餐巾。

第四个仆人端着装有咖啡的小壶,并把这珍贵的饮料倒进镶有珠宝的杯子里。

第五个仆人端出一个托盘,上面一堆诱人的石榴、杏子、无花果铺在糖渍玫瑰花瓣上。

与欧洲神学院里的女孩们相似的生活。她们学习用土耳其语读写，缝纫和刺绣，并学习唱歌、跳舞、谱曲等吸引苏丹的技能。最漂亮最性感的女孩被送去伺候苏丹的妈妈或妻子，在那里她们的发展受到密切关注。而那些技能较少的就成为仆人或家庭教师。

哈来姆的生活以缓慢的节奏进行，因为女人生存的唯一目的就是取悦苏丹。所以，女人们长时间躺在矮沙发上放松，享受着一杯又一杯咖啡，小口地吃着水果、蛋糕和果汁冰糕，尽情地闲聊，吸着水烟。苏丹的妃嫔们喜欢甜饮料，她们用一个大勺从公用的水晶杯里盛出饮料来喝。最受她们欢迎的饮料是冰镇果子露，用李子、苹果或紫罗兰调味，或者用更重口味的麝香、龙涎香或芦荟。据说，有一些更荒淫的苏丹会让仆人在饮料里加入鸦片，这样受宠爱的女人晚上会对他们的挑逗更加顺从。

如果你认为关于这些美女的奇幻故事都是凭空想象出来的，那你就得读一读让－克劳德·弗拉沙最近的

传说中苏丹用丢手帕决定在何处过夜

记述，他记录了当妃嫔们在哈来姆沐浴时，马哈茂德一世如何将新的女士内衣递给她们，但悄悄命令裁缝把内衣上的缝线都去掉。这样浴室的热气就会让胶水融化，内衣就会散开，女孩们光着身子。苏丹从一扇屏风后面欣赏，非常开心。

很多女人都是音乐高手，她们为其他妃嫔演奏鲁特琴、撒泰里琴或里尔琴。正如你想象的那样，她们当中的很多人也是技艺高超的舞者。一位威尼斯大使有幸观看过其中一些妃嫔的表演，他评论说她们太性感了，可以"让大理石融化"。当人们在讨论这些被困在哈来姆度过一生的妃嫔们的真实感受时，他们的意见出现了分歧。一些人认为，这些妃嫔的生活不比奴隶强多少，但是沃特利·蒙塔古夫人的观点则非常不同，她是少数见过其中一些被困者的欧洲女人之一。她认为，这个制度让苏丹的妃嫔们可以自由地追逐梦想、释放激情和独立思考。

哈来姆的异国情调

伟大的君主啊，一个听从命令的奴隶正在等待您的召唤，现在她可以进来吗？

——艾伦·希尔描述一位妃子对苏丹的请求

当然，哈来姆最有意思的地方是，当其中一名宫女引起了苏丹的注意时会发生什么。关于这个话题有很多传言。她会花很多心思确保自己拥有完美的身体条件来满足苏丹的所有需求。奴隶会伺候幸运的妃子涂抹香皂沐浴，用丁香和生姜擦洗她的皮肤来增加她的诱惑力。当她结束沐浴和按摩，身上散发着香气，穿上华丽的长袍，头发被珠宝覆盖。她穿戴整齐地经过值守的黑人太监，寂静无声地进入最神圣的地方。在火把闪烁的亮光里，她靠近床脚，谦恭地脱去衣服，用前额掀起床罩的尾部，然后爬上床直到和她的主人面对面。之后，她就可以自由地运用她在哈来姆培训中学到的各种技巧。

第二天早上，苏丹会根据对她的满意度赐给她礼物。偶尔她会表现得很糟糕，这样的话，她可能会被交给苏丹的首席园林师和刽子手，他们会把她装进一个沉重的麻袋，扔进博斯普鲁斯海峡里。但是，更有可能的是，她的表现让苏丹满意，因此被正式封为宠妃，受到仆人和太监们的尊重。如果之后她怀孕了，地位还会上升，如果生下一个男孩，她可能会被封为苏丹正式的妻子，尽情享受无尽财富。她的儿子可能会成为下一任苏丹，所以她必须现在就开始尽己所能地保护他。这里面风险巨大，这就是为什么母亲们之间会有如此激烈的竞争，据说犹太秘术和巫术都被用来保护她们珍贵的子嗣。

苏丹的后代

如果苏丹一个孩子出生，而这时你在伊斯坦布尔，那么你将马上知道孩子的性别，因为消息会通过托普卡帕宫门口的一座大炮发射来宣布，七声是男孩，三声是女孩，在接下来的24小时里会重复五次。在宫里，则会通过宰杀五只公羊来庆祝男孩诞生，宰杀三只庆祝女孩诞生。当地人会到街上庆祝，权贵们的游行队伍会马上送出贺信。

孩子出生后几天,幸福的母亲被安置在华丽的床上,并在那里接受宫里最重要的人物的探望,同时有一名接生婆和一名奶妈坐在床尾,奶妈抱着那个宝贝孩子。在第六天,这个孩子被黑人太监首领和大臣及宫里的官员送进哈来姆,他(她)被小心地放在一个新摇篮里,摇篮上镶着珠宝并装饰着羽毛,之后摇篮里还将会装满金币。

在一开始就很明确的是,苏丹的儿子们和女儿们的地位是不平等的。他们扮演着截然不同的角色。苏丹其中一个儿子会继承他的王位,这个想法支配着他们的生活。这些男孩们要接受箭术、打猎、体育、马术和武器使用方面的训练。男孩的割礼是重要的庆典,那些亲眼见过割礼繁复华丽仪式的人有过描述。王子穿着红色和金色的衣服,佩有珠宝镶嵌的宝剑和带水晶把手的权杖,包头巾上苍鹭的羽毛上下摆动。割礼手术由专门的理发师用一把锋利的剃刀执行,之后理发师会用木灰烧灼伤口消毒。包皮被装在一个金杯里送给王子的母亲,剃刀会送给他的祖母。在本书的第九章还会更多地介绍庆祝皇室割礼的节日。一旦王子康复了,一般

洛克塞拉娜是苏莱曼大帝最宠爱的妃子,也是他后来的妻子;她因对丈夫的影响力而闻名

会被派去奥斯曼帝国的某个省任职，通常是亚洲地区，远离欧洲的诱惑。

另一方面，皇室公主们和父亲关系更亲密。她们被留在宫中，在这里学习阅读和写字、演奏音乐和缝纫刺绣。当她们结婚时，对方一定是奥斯曼帝国的贵族，永远不可能是外国王子。苏丹非常溺爱她们，他会准备一份嫁妆，包含财产、贵重珠宝和巨大的衣柜。皇家公主是众所周知的，她们在腰带上佩戴镶嵌宝石的短小锋利的匕首，你可以通过这个特征认出这些苏丹女眷。她们的孩子会被授予皇家等级，但是她们的儿子不能在宫里任职，苏丹认为这会导致派系之争。她们是奥斯曼帝国里唯一地位高于丈夫的女人，这意味着如果她们的丈夫想和她们行房，还需征得她们同意。

一些特别的人

托普卡帕宫里最有权力的人是太监，他们是很多淫秽流言的主题。他们的权力在于他们总是可以接近苏丹并且掌控着哈来姆。白人太监首领是庆典主管、门卫总管和医院主管。相比之下，黑人太监首领的权力局限于哈来姆，他们因为丑陋和畸形的外表被选中，以降低某个妃嫔喜欢他们的可能性。他们是哈来姆的护卫，控制所有出入哈来姆的人，陪伴妃嫔出游，代她们传递需要传送的消息。他们还对在哈来姆内室犯罪的人执行判罚，并且掌管王子和公主们的教育。

黑人太监首领是非常有权势的人物，穿着装饰有皮毛的珍贵

黑人太监首领在苏丹的哈来姆担任重要职务

制服。他掌管着哈来姆的财务,以及伊斯坦布尔城里的皇家清真寺的财务。他会获得丰厚的资助,并有 300 匹马供他私人使用。

因为太监拥有这样的权力,而且只听从苏丹的差遣,他们的名声很不好,他们站在苏丹皇位旁边,趴在苏丹卧室的锁孔上观察他最私密的活动。

你经常会在伊斯坦布尔的街上看到太监。他们看起来很奇特,脸上没有胡子但满是皱纹,身材肥胖,双腿很长。太监往往有些娘娘腔,他们衣着得体,身上喷着香水,并根据与他们守护的女人相关的花给自己取名。有些人认为太监们脾气坏、报复心强而且傲慢自大,但是其他一些人会告诉你,他们具有强烈的多愁善感的气质,非常喜欢孩子和动物。对于他们畸形可怕的外表,有些人只会感到厌恶,但你很难不感到同情和怜悯。

最初,太监都是白人,但是在16世纪伊斯坦布尔引进了黑人太监,一方面因为他们丑陋的外表,但更重要的是他们有能力在恐怖的阉割后存活下来。黑人太监大多数来自埃及、苏丹和阿比西尼亚。阉割是非常可怕的手术,更糟糕的是伊斯兰教禁止阉割手术。手术必须在北上路途中的一个休息站由犹太人或基督徒操作,穆斯林从来不参加。手术的死亡率非常高(特别是白人),这也是为什么黑人太监要价这么高的原因。事实上,没有多少黑人太监进入市场,大多数都直接被卖进哈来姆或者有钱有势的人家。实际的阉割手术包括切除阴茎,通过挫伤、扭曲或者灼烧把睾丸压碎或去除,然后把一根管子插入尿道。伤口用沸腾的热油灼烧进行消毒。如果手术在青春期之前执行,死亡的风险相

> 病人(被放置)进入一个"温水浴缸",让"那部分"柔软易弯曲,使得它们更容易被处理;不久之后,他们按住"颈静脉",让"那一部分"变得迟钝并失去知觉,他就进入一种"中风"的状态。接下来,手术就可以在"病人"几乎没有任何"痛苦"的情况下进行。
> ——查尔斯·安西永,"阉人状态的展示",1718年

> 我目睹了这些黑人异教徒如此叛逆,他们可能爱上一个或两个欧达利斯克(宫女),为其花光他们所有的钱。他们利用一切机会幽会做爱。
> ——阿里·赛迪·贝伊(18世纪历史学家)

对较低，但是心理上的伤疤永远都不会愈合。如果你有机会观察一个太监的包头巾，你可以在里面找到一根用来帮助排出小便的管子。虽然他们遭遇了可怕的损失，但他们中的很多人仍然可以借助壮阳药和性辅助工具过性生活。具有讽刺意味的是，太监的尿液本身就被认为是强效的壮阳药。

八 穆斯林、基督徒和犹太教徒

伊斯坦布尔是一座伊斯兰城市,所以你最好学习一下伊斯兰教的基础知识,这样你就不会冒犯到当地人。伊斯兰教有五大核心:信仰安拉和他的先知穆罕默德,一天祈祷五次(因此需要定时地祈祷召唤),救济穷人,在斋月进行斋戒,一生去麦加朝圣一次。

祈祷时的苏丹

我所见过最壮观最有趣的(队伍)。丰富多样的服饰、阿拉伯马匹之俊美和装备之精良、禁卫军和皇家园艺师的外观,总之,我认为这一盛大活动的华丽、新颖、寂静、庄严会给每一位外国观众留下深刻印象。
——托马斯·沃特金斯《从瑞士到君士坦丁堡的旅行》

每到周五,苏丹从托普卡帕宫出发去清真寺做午间祷告。如果你问任何一个和托普卡帕宫有关的人,就可以很容易知道哪一位是苏丹。这是一个见到苏丹的好机会,景象非常壮观,但是跟随他的护卫会举着带有鸵鸟羽毛的杆子遮住他的头,不让人们看到他的脸。为了确保民众印象深刻，他们要费很大劲儿。周四晚上，苏丹的马要被带子悬挂起来，这样第二天它会带着适当的庄严感穿过街道。这个美丽的动物身上还会盖着绣有珠宝的华丽外罩。

一个世纪以前，英国冒险家乔治·桑迪斯怀着敬畏之心注视苏丹经过，并记录了人群中的寂静，就像"人们陷入睡眠，世界进入漆黑的午夜"。最近，查理蒙特勋爵目睹了他们在街道撒满新鲜的泥土和水，"防止尘土飞扬冒犯了苏丹"。苏丹的贴身男仆走在他的右边举着防水罩，以防弄湿了"伟大的土耳其人"。男仆的一个口袋还装满了银币，在适当的时刻向人群中抛撒。

当苏丹在清真寺的庭院下马，仆人们立刻出现，这让查理蒙特勋爵印象深刻。他评论道，"他们其中一人手上托着'国家的包头巾'，它具有独特的尺寸和样式，镶满钻石，另一人举着包裹着精美锦缎的脚凳，放在清真寺大门旁，方便'伟大的阁下'从马上下来"。苏丹下马以后，就和他的子民一样行净手礼，因为他和所有真正的穆斯林都相信，水可以提供通往天堂的路。之后，他进入清真寺内，站在米哈拉布左边仔细聆听伊玛目宣读《古兰经》的内容。

据说现任的苏丹非常虔诚，他对庆祝穆罕默德的诞辰格外用心。在这重要的日子，三座皇家的清真寺里要宣读先知的颂文，还要在苏丹面前演唱颂歌。之后，还要将来自麦加沙里夫的信（穆斯林圣城的传统负责人）以及芦荟和玫瑰精油敬呈苏丹。

八 穆斯林、基督徒和犹太教徒

清真寺

你一定会注意到这座城市到处都是清真寺。它们的圆顶和宣礼塔高耸入伊斯坦布尔的天际线。你会在这些巨大的清真寺里发现美妙的空间感,它们的圆顶看起来似乎轻松地飘浮在祈祷者的上空。里面有足够的空间容纳一个特定地区的人们,而且没有家具阻挡信徒们俯伏朝拜。清真寺的设计遵循一套固定的形式,墙面通常用瓷砖装饰,但是不允许使用人物或动物的雕像和画作,因为伊斯兰教禁止描绘生物。清真寺内的地上铺着垫子和地毯,油灯悬挂在巨大的链子上。

> 禁卫军分列在从皇宫到清真寺的街道两旁;他们不携带任何武器,双手交叉站立,只向"伟大的阁下"和大维齐尔低头鞠躬;苏丹和大维齐尔也回敬他们。
>
> ——巴尔的摩爵爷

清真寺最主要的特色是米哈拉布,即一个面向麦加的装饰华丽的壁龛,它的旁边有一个被称为敏拜楼的神圣的

苏丹前往清真寺做周五祈祷是你一睹其真容的最佳机会

蓝色清真寺因为其内部墙面上成千上万的蓝色瓷砖而得名

大理石讲坛。周五礼拜时伊玛目就在讲坛上传道,而传道的内容不过是引用一堆《古兰经》里的话语。一些更宏伟的清真寺还会有一个高台,宣礼官[1]在上面诵经回应伊玛目的祈祷,伊玛目在一种被称为"库苏"的宝座上进行祈祷。苏丹常去的清真寺有一个被遮挡起来的包厢,他可以在里面安全地祈祷。后面的木制屏风可以遮挡女性信徒。

　　清真寺设在庭院之中,里面有流水,通常来自中央喷水池,

1　muezzin,其职责是在伊斯兰教清真寺宣礼塔上按时召集信徒做祷告。

八 穆斯林、基督徒和犹太教徒

信徒可以在进入清真寺之前在喷水池里洗头、洗手或是洗脚。一些更受欢迎的清真寺还设有售卖宗教物品的摊位。你可能还会看到代笔人坐在一个矮凳上，随时准备帮人起草一份合同

> 我作证安拉之外无神，我证明穆罕默德是安拉的先知。
> ——宣礼官的召唤

或拟写一份请愿书，乞丐在门洞里耐心地等待施舍。

大一些的清真寺不仅是祈祷场所还是慈善基金会，总是被一整组建筑环绕：一个接待旅行者的客栈、一个厨房、一个医院、一个学院或伊斯兰学校，通常可以从它的一排小圆顶辨认出来。附近常常还有图书馆。其中一些建筑群始建于 1453 年的征服，那时大片的土地被分配给清真寺及它们的附属地。除此之外，清真寺得到了苏丹、大维齐尔及其家族的丰厚捐赠。当一位穆斯林甚至是基督教公民将土地以相当于其实际价值的一小部分的价格卖给清真寺时，他会得到一份世袭的租约并成为固定承租人，还可以享受税收优惠。

每座清真寺都有一座宣礼塔，宣礼官每天五次召唤穆斯林做礼拜。这种召唤通常包括"安拉至大"以及"安拉

正在祈祷的穆斯林

是唯一的神"这样的语句。不是所有的游客都会被震撼；克雷文夫人曾经抱怨"这种对所有的穆斯林的大喊大叫"。

穆夫提和伊玛目

> 他（穆夫提）在宗教事务上拥有绝对的权力。国家事务源于宗教；宗教是根本，是国家，是政府机构。
> ——17世纪的佚名引文

虽然苏丹是哈里发，但在很多时候，他都要听从神职领袖伊斯兰教长。伊斯兰教长是解释《古兰经》、伊斯兰教法或者神圣的伊斯兰法律的人，他还管理着从伊斯兰学校毕业的学者们。你可以迅速地认出伊斯兰教长和他的高级神职人员，他们穿着色彩鲜艳的卡夫坦，戴着高高的白色包头巾，他们的马车车厢覆盖着绿色的布。在他之下是包括负责布道和引领祈祷的伊玛目在内的大量次要的神职人员。较大的一些清真寺还另外雇用看门人、经文诵读者、净身礼监督人，还有重要的清真寺天文学家。天文学家管理每天五次的祈祷，常常使用水力钟或者日晷通报日出和日落的时间，根据镰刀月初次出现的时间确定农历月份的日期。

虔诚的基金会

对伊斯坦布尔社会最有吸引力的一方是虔诚的基金会，被称作瓦基弗，它们致力于城市居民福祉和物资保障。它们由富人们捐赠资助,这些捐赠被称作瓦克夫。这些捐款被用于慈善事业,包括支付清真寺、学校、医院和客栈的维护费用。有时候捐款相对较少,只能支付修建饮水处的费用之类。工匠们在基金会的工作室工作,在它们的商店和市场里售卖商品。商人们使用基金会的客栈和商店,在基金会的咖啡馆里畅饮。

瓦基弗还为孤儿女孩提供嫁妆,为需要的人提供衣服,为监狱里的人偿还债务,向穷人分发食物。据估算,这些机构每天约向3000名本地人提供食物。由于这些机构做的善事,大街上没有多少乞丐。如果有自然灾害发生,例如地震或者火灾,这些基金会会提供资金帮助受灾家庭恢复,组织灾后重建。

尽管如此,如果你和政府人员交谈,他们可能不太赞赏这种表面上的利他主义。支付给他们的这部分钱是免税的,因为被认为是用作慈善目的。而且,挪用公款的情况也很多,瓦基弗的负责人把他们要分发的钱悄悄地装进自己的腰包。不幸的捐献者们相信上帝,有时在他们的行动中加入祈祷,但他们也无能为力。最近,捐赠者一发现有挪

> *他们热情并凝神专注地祈祷,不像我们喧闹的教堂里很多不考虑他人的基督徒一样转身,注视人们从他们身后经过;一切都是静止的,神圣且温柔……没有人打开长椅又关上,用不必要的喧哗打扰会众:没有"神圣的谈话",自负的伪君子用她热情的双唇赶超了神职人员,她浪荡的双眼藏在扇子后面,因为她的双耳听到的一些可怜的笑话而哈哈大笑。*
>
> ——艾伦·希尔

用公款的情况,就在祈祷中念道:"愿他们被上帝、天使和人们诅咒。"

大学和图书馆

最重要的教育中心是伊斯兰学校,即附属于清真寺的大学。在这里,男学生们接受基于十个关键主题的传统穆斯林教育,包括语法、句法、逻辑、哲学、几何学、天文学和书法。更高级一些的大学还教授与伊斯兰教法相关的学科,包括法律、神学、修辞学、法理学。这将为成功的学生提供成为伊玛目或法官的训练。

有些伊斯兰学校的建筑规模非常大;法提赫清真寺旁的那所学校可供 1000 名学生住宿,图书馆收藏有 1770 册图书,其中有一半是征服者穆罕默德二世最初建校时获得的捐赠。如果你获准进入某个图书馆,你会看到学生们盘腿坐在垫子上认真抄写古代经文。伊斯坦布尔的主要大学位于巴耶塞特广场附近,主要设有神学院、哲学院、法学院、医学院和科学院。

你会注意到,当你穿过城市,你看到的为数不多的书籍大部分是从海外进口

奥斯曼人热爱书法,抄写员是重要人物

八　穆斯林、基督徒和犹太教徒

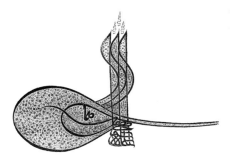

苏莱曼大帝的图格拉是名副其实的艺术作品，它的简写版被用来签署官方文件

的。数百年以来，这些书都被神职人员认为具有破坏性因而被禁止印刷。这项禁令最近才被取消。上一任苏丹统治期间，一位叫作易卜拉欣·穆特费里卡的有胆识的特兰西瓦尼亚人说服政府取消禁令，并很快出版了字典、语法和历史书，但是他知道神职人员强烈反对印刷，所以很谨慎地不印刷和伊斯兰教有关的书籍。但是，自从1745年他去世后，几乎没有书籍印刷，抄写员和书法家们担心自己会被时代淘汰，又开始了他们的工作。

由于缺少印刷书籍，土耳其人成为书法艺术能手，你会发现抄写员坐在街角用他们漂亮的字为他们的文盲同胞写信。书法艺术中的典型是皇帝的花押字，被称作图格拉。流行的图案以动物和鸟类的形式呈现书法。有一句人们相信的谚语说道："《古兰经》在麦加被揭示，在埃及被背诵，在伊斯坦布尔被书写。"

死亡和葬礼

你不太可能目睹一个穆斯林的死亡，但是了解当地人的行为是很有意思的。他们生来就是宿命论者，并相信他们包括死亡在内的行为都已经被真主安拉安排好。因此，垂死的男人和女人们顺从地接受他们的命运。当死亡临近时，濒死者所爱之人开始诵读《古兰经》的经文。与此同时，其中一位家庭成员为卧室熏香。人死之后，尸体会被清洗，当地的伊玛目将樟脑粉末涂抹在死者生前祈祷时身体与地面接触最多的八个部位：双膝、双手、双脚、鼻子和额头。人们修剪死者的指甲和头发，将躯体包裹在一条长长的无缝的布里，然后熏蒸棺材。

穆斯林相信死者在被埋葬之前遭受了折磨，因此他们会尽快地埋葬死者，最好是在死亡当天的日落之前，或者是第二天一早。伊玛目在棺材旁诵读祈祷词，尸体被放在地里，右侧朝向麦加的方向。主祭人撒进一把土，然后伊玛目说一段简短的葬礼祈祷词，大呼三遍死者及其母亲的名字。

坟墓之间差别很大。富裕的家庭用极其华丽的坟墓来纪念死者，它们由大理石板组成，中间敞开并高高耸立，顶部有一个山墙形状的木架。灵柩台上覆盖着黑色或是绿色的金银线刺绣柩衣，周围装有栏杆，由巨大的烛台守护。大多数坟墓都没那么华丽，通常由两块竖直的石头组成，一块在头部，一块在脚部，男性死者的石头雕刻着包头巾图案，女性的雕刻着莲叶。土耳其人相信，为死者提供尘世的欢愉可以让其灵魂感到快乐，所以你可能会看到前面摆

做好事，把它扔到海里，即使鱼不明白，上帝也会知道。
——土耳其谚语

八 穆斯林、基督徒和犹太教徒

奥斯曼人的葬礼是极其严肃的;图中一群哀悼者跟随着停尸架

着钱或肉作祭品的坟墓，或者有时候是长着鲜花的大理石水槽。偶尔，有些坟墓上摆放着格子鸟笼，人们相信鸟鸣声会给死者带来安慰。

穆斯林对地狱、炼狱、天堂深信不疑。当他们在"最后的审判"中被从炼狱召唤时，必须忍受一段曲折的旅程，其间他们必须走过烧红的烤架。这就是为什么穆斯林坚信，所有他们没有践踏过的纸张都会附着在脚上阻止他们被烧伤。之后，他们必须通过一座桥，用瑞典旅行家多桑先生的话说就是，"比头发丝还纤细，比马刀还锋利：被选中者必须用风的速度和闪电的敏捷通过那座桥；但是堕落者会滑倒，一头栽到永恒的火中"。

> 唉！在这没有关心和争吵的地方，
> 躺着一个人，他去世时被原配妻子拥在怀中；
> 如果你像波斯柠檬一样被播种，
> 你就从未见过如此罕见如此苦难的命运；
> 但是，你是一个橙子，你已经死去，
> 因为女人就爱这样的甘甜，即使在床上；
> 那一晚她正好躺在你身边，
> 品尝你，发觉你是甜的，
> 然后迅速地吸干你。
> ——艾伦·希尔记录了一个橙子商贩于婚礼之夜去世

埃于普和朝圣之地

> 他们将那块石头抬起，在下面发现埃于普的躯体包裹在藏红花色的裹尸布里，手里握着

八 穆斯林、基督徒和犹太教徒

一颗黄铜球,新鲜且保存完好。

——埃夫利亚·塞莱比

对于所有穆斯林来说,这个城市最神圣的地方就是埃于普地区,它远在金角湾的南岸。这里是先知穆罕默德最亲密的伙伴和领袖埃于普·安萨里的埋葬地,在公元 669 年的阿拉伯人大围攻期间,埃于普倒在了君士坦丁堡城墙之前。虔诚的穆斯林喜欢到埃于普的陵墓来朝圣,通常是在他的盛宴日,他们会在此点亮蜡烛并许下誓言。朝圣者认为,如果他们喝了陵墓旁蓄水池里的水,他们的病痛就会被治愈。这个坟墓本身埋葬着穆罕默德二世的马,据说它具有治愈残疾孩子的能力。

新任苏丹会在继位时拜访埃于普的陵墓,这是几个世纪以来未改变的仪式。他是哈里发,是逊尼派穆斯林的领袖,以及伊斯兰教两大圣城麦加和麦地那的守护者。他拥有 1517 年由塞利姆一世从埃于普带回的先知的圣衣。苏丹拜访埃于普陵墓表明他与先知的连接。苏丹通常乘船前往,到达之后,梅夫莱维托钵僧首领在旁边苏丹清真寺的庭院里为他佩戴王朝创始人奥斯曼的宝剑。然后,人们向他献上焚香、芦荟、白银和黄金。苏丹通常骑马回宫,并沿途祭拜那些卓越的前辈的陵墓,首先就是同样位于埃于普的征服者穆罕默德的陵墓。

很少有非穆斯林居住在埃于普,如果有的话,他们被严禁在这里开店。如果你足够勇敢冒险去参观埃于普清真寺,你可以欣赏庭院的美景。最佳的游览时间是春季,那时雄伟的梧桐树正在长叶子。鹳喜欢在它们的树枝上筑巢。这座墓地到处都是鲜花,

埃于普的风光，对于所有穆斯林来说这里是伊斯坦布尔最神圣的区域

就像埃于普的很多墓地一样。但是，请注意，这是一个典型的伊斯兰地区，所以要尊重当地的习俗。在这里，你几乎看不到基督徒。

另一条更重要的朝圣之路是前往麦加的，也被称作"哈吉"，因为所有穆斯林都计划在有生之年完成一次麦加朝圣，这是伊斯兰教的核心之一。最初的出发地是托普卡帕宫，但是多数人都在拜拉姆节[1]前14天，从位于博斯普鲁斯海峡亚洲海岸的于斯屈达尔出发。朝圣出发是奥斯曼日历里重要的日子之一，现场也是一派壮观的景象。朝圣的队伍以骆驼作为主力出发，它的背上盖着一块布满金线刺绣的珍贵黑布，这是苏丹送给麦加的礼物，朝圣

1　the Feast of Bairam，指斋月之后的两个伊斯兰宗教节日的其中一个。

者到达之后要把它盖在神圣的克尔白上。这件黑布将由一大群人护送至麦加，包括官员、卫兵、托钵僧和香水喷洒者。骑手们在手鼓演奏者和舞者的陪同下，用卓越的剑术来炫耀他们的技能，让观众们大为高兴。

最奇怪的景象之一是那些被激励去朝圣的圣人。有一些人赤裸着，其他人据查理蒙特勋爵观察，"穿着风格十分奇怪"，甚至还有一些人身上盘着蛇，但是有一些愤世嫉俗的人认为他们是机会主义者，在寻求一切机会抢劫队伍里的朝圣者。如果你看见有人戴着绿色的包头巾，你就知道他已经完成了朝圣之旅。

一名土耳其朝圣者一边吸着烟斗一边踏上朝圣之旅

斋月和其他宗教节日

斋月是穆斯林日历中最重要的宗教节日。它可以追溯到穆罕默德时代，他宣称在这时天堂的大门打开，地狱之门关闭，魔鬼的一条腿被拴住。这个节日持续一整个月（每年的日期都不一样——请看第一章），在此期间，每天日出到日落之间，除了病人和旅行者，其他穆斯林都不吃东西、不喝水、不抽烟。每一天的禁食在日落时分结束,这是激动人心的时刻。太阳落山的时候,大炮轰鸣,鼓声阵阵。之后,每一位信徒就可以愉快地享用晚餐。

斋月期间的街上,人们聚集在一些穆斯林领袖家外面,聆听传道士诵读《古兰经》。有一些主人在门外摆放桌子用来向穷人、托钵僧以及圣人分发食物,他们也可以进入所有穆斯林的家里做客。在最重要的那些清真寺里,圣书的章节以火字的形式挂在宣礼塔之间。日落之后两个小时,清真寺里开始祷告。在斋月期间有不端行为的人将受到最严苛的处理。据说,一个醉汉如果在街上被发现了,发现者就会熔化一勺铅并灌进他的喉咙里。

在托普卡帕宫里,斋月的第十五天,苏丹一家和政府高层人员获准进入圣衣阁,在那里苏丹的助理们用玫瑰水清洗圣衣。之后,他们都会被庄重地赐予一张印有先知印记的纸,他们要把纸浸入玫瑰水,再把纸吞下去。

斋月期间,各大清真寺的花园变成市场,小贩们在里面向熙熙攘攘的人群售卖货物。乞丐在人群中乞讨,他们的数量也增多了,因为他们知道穆斯林有义务救济穷人。穷人不停地赶场,尽可能多地吃东西。商人也抓紧机会挣钱;甚至在墓地里都有商店。

斋月的第二十七天,穆斯林认为他们在庆祝天使吉布列向先知穆罕默德启示《古兰经》内容的时刻。这是一个神圣的时刻,所有的造物在此刻向真主安拉顶礼膜拜,天使获悉人们的命运。

八 穆斯林、基督徒和犹太教徒

当斋月结束新月出现时,穆斯林就要参加糖果节[1],这是一年中最欢乐的时刻,在这持续三天的全民狂欢里,每个人都尽情地享用糖果和饮料。如果你去奥克梅达尼,就会看到各种各样的体育比赛、射箭术展示、投标枪表演和摔跤比赛。

另一个重要的节日是为期四天的宰牲节,也叫古尔邦节,就在斋月结束之后不久。节日期间,每个家庭的户主都有义务献祭一只公羊。古尔邦节之前,巴耶济德清真寺回荡着数百只羊的哀叫声,它们被游牧民带入伊斯坦布尔,等待命运的安排。你会看到各家各户带回他们待宰的祭品,羊毛用指甲花沾染,羊角上盖着金色或银色的叶子。苏丹和所有富裕家庭的传统做法是分割羊肉,三分之一留给家人,三分之一送给亲戚,最后一份分给穷人。

穆斯林相信他们献祭的羊会载着真正的信徒经过通往天堂的桥。埃于普地区会举行很多献祭活动,因为那里是众多穆斯林圣地的家园,因此当地人获得了"献祭者"的绰号。在节日期间,人们慷慨地赠送礼物,特别是送给孩子们。你会看到清真寺外有售卖糖果和玩具的摊位。请记住,虽然你不是穆斯林,但是在这个时候每个人都应该向穷人和有需要的人施舍钱币。

---

1 sugar festival,即开斋节。

托钵僧和圣人

> 他们头上戴着相同颜色的帽子,这些帽子通常由骆驼毛制成,并被硬化成糖块的形状。
>
> ——查理蒙特勋爵

　　托钵僧是非常受欢迎的宗教团体。他们表面上和西欧的修道士非常相像,无视很多伊斯兰教习俗,也不介意女人不戴面纱。他们属于苏菲派,而不是作为国教的逊尼派,在土耳其社会享有不同寻常的地位。他们很受尊敬,其中一个分支派系的领袖切利比还拥有在埃于普的清真寺向新继位的苏丹授予王位的伟大特权。你会发现很多穆斯林去拜访托钵僧领袖的陵墓,寻求治愈病痛的办法或是祈祷孩子能够平安降生。

旋转的托钵僧穿着一种非常独特的服装

八 穆斯林、基督徒和犹太教徒

托钵僧分为梅夫拉维和贝克塔什两大派（相当于罗马天主教堂的多米尼加和本笃会），后者格外受欢迎，特别是在禁卫军中，主要是因为他们允许喝葡萄酒和烈性酒，还允许女性不戴面纱加入。由于周五举行的奇特仪式，梅夫拉维通常被称作旋转或跳舞的托钵僧。你应该去他们的宗教中心观看托钵僧跳舞，表演非常惊人。这个演出还有意外的惊喜，它是少数土耳其女人可以参加的仪式之一，所以这就给你一个仔细观察她们的借口。托钵僧相信禁欲苦行，他们祷告的地方外面没有设宣礼塔，而且托钵僧的清真寺内部通常就只是一个没有装饰的房间。为表示你对他们的朴素生活的理解，你可以带去一件供品，这象征着在阿丹被驱逐出天堂后吉布列带给他的食物。

旋转的托钵僧自己就是引人注目的景观。他们身穿垂到脚上的棕色粗布长袍，腰间用皮带系住，头上戴着骆驼毛制成的唱子。一开始他们一动不动地站着，此时微弱而悠扬的音乐响起，它们来自于大厅后面的一种长笛和定音鼓。渐渐地，他们开始快速旋转，并张开双臂，随着音乐声越来越大越来越快，他们身体的螺旋式运动也越来越快，长袍随着舞蹈展开，直到变得像一朵巨型花朵的花瓣。舞蹈者看起来就像进入出神状态，他们脸上的表情平静，没有一丝眩晕的感觉。他们大喊一声"真主以外，别无他主"结束舞蹈。托钵僧相信其宗教团体的创建者梅夫列娃曾经不间断地跳了15天，在那之后进入了狂喜状态，并从天堂收到了秩序的规则。音乐渐渐停息，舞蹈者庄严肃穆地退场。

相比之下，位于亚洲斯库塔里的咆哮的托钵僧则拥有更加野

一个咆哮的托钵僧正在刀割自己的血淋淋的画面,真是残暴的行为

蛮的仪式,他们将烧红的铁块放在嘴里或是压入胳膊或腿来折磨自己。他们的目标和旋转的托钵僧一样,就是为了进入狂喜状态,让自己看见天堂。

伊斯坦布尔到处都是外表各异的圣人。有一些人致力于帮助穷人,你会看到寻求祝福的热心信徒在他们及其他圣人的坟墓上系上彩色破布。另外一些人看起来更狂野,他们拿着沉重的手杖,完全赤裸着在街上闲逛。

这些隐士和苦行者受到穆斯林的尊敬,被其认为是奇迹创造者和具有魔法的人。那些要出发的旅行者都要祈求他们的祝福。在早期,他们曾经随土耳其军队一道去战场,并经常领导对敌人的进攻,在某些认知里,他们因信仰而殉道的行为可以直接将他们带去天堂。

遗物和迷信

土耳其人是一个迷信的种族,这对他们生活的方方面面都产生了影响。他们相信占梦,更相信邪恶之眼。为了减轻它的有害影响,很多人戴上了护身符,其中最受欢迎的就是蓝色珠子或玻璃球，它们被看作是一种应对办法。穷困的穆斯林也同样迷信，他们用蓝色的布包裹鹰嘴豆。这种迷信观念如此深刻，以至于有时候小孩的衣服也被钉上蓝色玻璃珠。土耳其人还担心蓝眼睛的欧洲人会带来噩运，所以如果这一点适用于你的话，请准备好接受异样的目光。

这个城市神圣的地方也吸引着迷信的人，尤其是位于第三座山上的塞扎德清真寺。它很受不孕的穆斯林女人欢迎，如果你在周五中午去的话就可以看到清真寺外面的庭院里都是这些女人。一听到宣礼官的第一声提醒，她们就以最快的速度跑到清真寺东北角的宣礼塔。她们相信第一个触碰宣礼塔的女人的痛苦将会被治愈，如果她们成功怀孕，就会分给其他女人一块蛋糕，她们相信其中一颗种子会进入她们的子宫。另外一个不那么吸引人的迷信说法是，如果你在一块糖上撒尿，并把这块糖加到咖啡里端给你想吸引的那个人，就会立即产生效果。相反地，如果你想破坏一个男人和他妻子的关系，那就在他的衣服上抹上猪油。

穆斯林对死亡更加迷信。圣人陵墓周围的灌木丛和树叶上盖着朝圣者从衣服上扯下来的碎片和破布，他们相信圣人可以保佑他们远离疾病和不幸。甚至，伊斯坦布尔到处可见的鸟儿都被认为具有象征意义：斑鸠代表着爱情，燕子的巢穴可以让你的房子免遭火灾，鹳会带来好运，因为人们认为它们每年都迁徙到麦加。

伊斯坦布尔有着非常强烈的遗物崇拜。很多最珍贵的遗物都保存在托普卡帕宫，它们包括先知的一颗牙齿、几根胡子，他的右脚留在大理石上的脚印以及他的斗篷。在一年一度的先知诞辰日，后宫的夫人们戴着面纱缓缓走过这些遗物并亲吻它们。然后，苏丹把绣着《古兰经》经文的手帕赐给她们。

伊斯坦布尔很多最著名的遗物都可以追溯到拜占庭时代。它们包括圣母的长袍（你还可以在圣玛丽教堂看到圣母腰带的遗物）、刺入基督肋旁的长矛和给他的海绵，以及最后的晚餐里的桌子和诺亚方舟上的门。这些物品中大多数都在1453年的征服后不见了，但是你会发现很多人都相信遗物仍然遍布这个城市。据说，君士坦丁纪念柱下面埋着诺亚的短柄小斧子、篮子和耶稣基督赐给大众的相当陈旧的面包块残留，以及基督受难时的钉子和真十字架的碎片。伊斯坦布尔人完全相信这些遗物，例如，马尔西安柱[1]底部的胜利人物雕像被认为能够分辨真假处女。在启程踏上去麦加的朝圣之路前，朝圣者们把祭品放在于斯屈达尔贝西克塔斯的圣石上，据说耶稣降生之后曾在上面洗过澡。

拜占庭的其中一个未解之谜就是最后一任皇帝君士坦丁十一世经历了什么。人们看到他勇敢地战斗以击退从城墙缺口涌进来的势不可挡的土耳其军队，但还是战败了。尽管如此，如果你参观位于金角湾的神圣之门（或称阿亚卡帕）旁边的古尔清真寺，遇见一个本地希腊人，你会发现他或她有一个非常有趣的故事要讲。希腊人认为古尔清真寺坐落在圣西奥多西亚教堂遗址上，皇帝的遗体1453年被带到这里并被埋葬在教堂东南墙墩里的一个大房间里。相反地，土耳其人也许为了防止这个遗址变成朝圣之

---

[1] the Column of Marcian，土耳其名称少女圆柱，位于土耳其伊斯坦布尔的法提赫区，是君士坦丁堡的一个罗马凯旋柱，用以纪念拜占庭皇帝马尔西安（450—457年在位）。

地，坚持认为这个房间有清真寺的创建人古尔巴巴[1]的遗体。

其他宗教

伊斯兰教是伊斯坦布尔最重要但绝不是唯一的宗教。有人估计，这个城市近一半的人口是非穆斯林。他们包括征服之前就居住在这里的土生土长的希腊人、意大利人和其他国籍的人，还有在欧洲国家遭受迫害逃亡而来的犹太人，还有西班牙人，以及来这里挣钱的基督教徒。

这些宗教中最重要的是希腊东正教，这个教派的大牧首曾是天主教教皇的对手，任命于法纳尔希腊区简易的圣乔治教堂旁一座匿名的木制建筑（1453年征服后，希腊人就被禁止修建带有圆顶或砖石屋顶的教堂）。这座建筑内部较为华丽，里面设有一个精美的16世纪的大牧首宝座。尽管如此，令人难以置信的是大牧首就是在这样一座简陋的建筑中发布东方基督教世界的宗教事务指令。希腊人庆祝各种各样的节日。最值得纪念的节日之一就是在位于巴里克利的圣母教堂庆祝鱼的节日，它起源于1453年，一个修道士怀疑君士坦丁堡已经落入土耳其人之手，当他正在煎的鱼从煎锅中跳出来时，他确信了这一点。希腊朝圣者认为那条鱼生活的那口井具有神奇的力量，他们来到这里寻求治疗疾病的方法，女人们也过来祈求孕育成功。

---

1 Gul Baba，土耳其有名的阿訇，由于他头上缠绕的头巾上经常带有玫瑰花标记，被人戏称为"Gül Baba"，意为"玫瑰"或"玫瑰阿訇"。

亚美尼亚的宗教非常古老,他们的神父穿着非常华丽的法衣

虽然希腊人总体上和穆斯林相处融洽,但他们和犹太人的关系就没有这么好。据说,如果一个犹太人在圣周[1]出现在希腊人聚居区,他的胡子就会被涂上焦油点火。在耶稣受难节[2]游行中,拉比会受到很多辱骂,而且犹太人让人联想到背叛耶稣的犹大。在游行中吃掉复活节彩蛋也表示庆祝犹大的死亡。

相比之下,犹太人和穆斯林的关系融洽但也有些局限。他们相信,任何人甚至包括穆斯林踏过一个棺材或者从其下走过,他们将会立刻变为女巫或魔鬼。尽管存在这样的宗教障碍,但是政府还是于六年前恢复了允许犹太人建造犹太教堂的勒令(一种皇家法令)。但是,在这一点上犹太人并没有获得什么好处,因为犹太人的经济地位现在几乎被亚美尼亚人所取代。虽然亚美尼亚族长的地位不如希腊东正教大牧首重要,但是他对他的教徒拥有巨大的权力,他不仅控制他们的教堂,还掌控着他们的学校和印刷厂。

---

1 Holy Week,即复活节前的一周。
2 Good Friday,基督教纪念"耶稣受难"的节日。据《新约圣经》载,耶稣于复活前第三天被钉于十字架而死。据此教会称该日在犹太教安息日的前一日,而规定于复活节前的星期五守此节。

在你很可能会长时间停留的加拉太和佩拉地区，主要人群是新教徒和天主教徒。如果复活节时你在那里，你会看到大使们在家庭成员的陪同下，隆重而气派地骑马穿过街道前往教堂。

九 节日、烟火表演和博斯普鲁斯之旅

苏丹喜欢那片海

游览博斯普鲁斯海峡将是你在伊斯坦布尔期间真正的乐趣之一。每年海峡两岸都会新建很多木制别墅，这些漂亮的木屋以石头做基础，屋后建有花园，向上延伸到山坡上。春天里，这些别墅格外漂亮，园中满是茉莉花、金银花和三角花，南欧紫荆和樱

这些修长优雅的轻型帆船是博斯普鲁斯海峡上最漂亮的船只。没有乘坐一次这样的帆船，伊斯坦布尔之旅就是不完整的

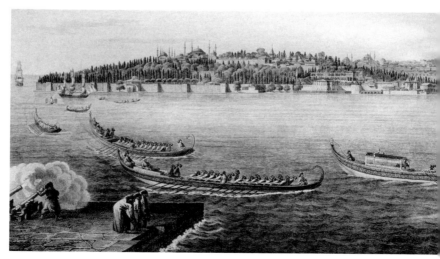

九 节日、烟火表演和博斯普鲁斯之旅

桃树也正在开花。

苏丹和他的臣民一样喜欢定期去海上。夏季的几个月,他渴望离开这个城市。为了认可这一点,政府已正式下令将5月5日作为夏季的开始,10月7日为回城的日期。最近,马哈茂德一世在马哈布比耶修建了一座新宫殿。

不要错过这个观赏苏丹沿着博斯普鲁斯海峡游览的机会。苏丹乘坐的轻帆船漆成红色和金色,他就坐在高高的船尾楼的丝绸华盖下。当苏丹的船靠近时,你会通过桨手发出的奇怪声音意识到。那些桨手戴着有蓝色流苏的红帽子,穿着白色平纹细布衬衫和马裤,他们像狗一样大声嚷嚷,所以如果苏丹赏脸说话,没有人可以偷听他谈话。这些桨手还充当皇家园丁,是一个精锐团队。苏丹的帆船一出现,水面上其他船只都要回避。

如果苏丹计划暂时离开托普卡帕宫,他的帆船将在一队名副其实的驳船和其他船只的陪同下飞驰过水面,这些船载着皇宫护

卫队成员、高级官员以及一群后宫佳丽。最有趣的场景是身穿华丽丝绸长袍的矮人和哑巴带着弯刀,有一些还带着猎犬。船队最末端的驳船上堆满了家具陈设。

虽然这些出行看起来似乎是单纯为了娱乐,但是苏丹不打算冒险。他知道他的前任在城外花费的时间意味着他无法获知正在发生的事情。因此,马哈茂德一世在贝西特卡斯的官方避暑行宫就设在托普卡帕宫附近,这样他在得到通知后可以马上回宫,迅速处理任何火灾或暴动发生的迹象。有时候,他会出宫去拜访属于他的一个贵族的海滨住宅。他们会举行宴会、招待会以及包括运动竞赛、音乐、诗歌朗诵以及花园漫步在内的其他娱乐活动。

如果你的父亲把你嫁给一位显贵,
多亏你,我们也可以搬进海滨住宅。
——无名诗人

游乐场所

从外观看,博斯普鲁斯海峡沿岸的海滨住宅比较普通,但里面的情况完全不一样。如果你被邀请去其中一座,你会惊叹于它的华丽装饰。接待厅铺满地毯,沿着墙还有一圈矮沙发。墙面、窗户甚至天花板都被花朵或是其他图案覆盖,墙上的壁龛也放满鲜花。这个大厅的三面都有房间,第四面向外伸出到水面上。为了最大限度地采光,建筑设有宽敞开阔的窗户。不仅房主可以往外看,路

九　节日、烟火表演和博斯普鲁斯之旅

人经过时也可以看看装饰华丽的内部。

沃特利·蒙塔古夫人被她所拜访的住宅之美所吸引,特别是"大量大理石、镀金以及最精致的水果和鲜花绘画"。她发现珍珠母、橄榄木、日本瓷器、很多罐鲜花和瓷器餐具具有"迷人的效果"。她和其他很多人一样,同样被住宅后面的花园迷住了,那里有喷泉和迷人的小亭子,而且开满了茉莉花和金银花。

海滨住宅延伸到博斯普鲁斯海峡,水面的房间地上通常都有一个栅栏,你可以看到夫人们自娱自乐地钓鱼玩儿。最近,在女士中享有盛誉的欧洲游客贾科莫·卡萨诺瓦[1]享受了一次博斯普鲁斯海峡的夜间之旅,他这样描述他的感受:"当月亮正好照在水面上,我们看见三位仙女,她们有时在游泳,另外一些时候站立或是坐在大理石台阶上,以一切可以想象的方式和一切优雅性感的方式让我们看见……你可以想象,这独特而销魂的场面一定已经对我可怜的身体造成了伤害。"

还有一个非常受欢迎的地方叫作"贝尔格莱德村",它位于一片森林之中,距离伊斯坦布尔北面骑马三个小时的路程。最初,它以被苏莱曼大帝带回的塞尔维亚囚犯命名。那片森林里满是高大的树木:山毛榉、橡树、松树和榆树。多年来,苏丹们在这里修建了很多亭子。在夏天的这几个月里,那片森林是欧洲区域居民最喜欢去的地方,他们散步或是骑马穿过洋溢着浓郁玫瑰、百合和水仙芬芳的树林。他们做游戏,开始狩猎之旅,或者

---

[1] Giacomo Girolamo Casanova(1725—1798),极富传奇色彩的意大利冒险家、作家。18 世纪享誉欧洲的大情圣。

尝试捕鸟。三十年前，沃特利·蒙塔古夫人在那里度过了一段时间，她非常喜欢那个地方："我在树林中间，里面主要种着果树，由大量因优质水源闻名的喷泉灌溉，树林被分割成许多低矮的草坪上的阴凉小径，在我看来这片树林似乎是人造的，但我确信它纯粹是大自然的作品，黑海就在视野范围之内，我们从那里不断地享受着凉爽微风带来的清新惬意，这让我们察觉不到夏季的炎热。"基督教的女人过去常在家附近的喷泉见面，她们会在那里唱歌跳舞，"那些女人的美貌完全和古代仙女的感觉一样，就像诗人和画家向我们描绘的那样"。

金角湾最上游区域非常有名，欧洲区域的甜水河更加受欢迎。上一任苏丹艾哈迈德三世统治期间，萨阿达巴德宫（意为"永恒的幸福"）和卡吉坦的花园装点着喷泉、瀑布和鲜艳颜色的木屋，一派瑰丽的风景。艾哈迈德三世讨厌托普卡帕宫的拘束，尽可能少地留在宫里。如果你听到的流言和事实一样，这就是由

精美的萨阿达巴德皇宫和卡吉坦花园

九 节日、烟火表演和博斯普鲁斯之旅

艾哈迈德三世的大维齐尔和驸马达马德·易卜拉欣掌控的骄奢淫逸之地。虽然马哈茂德一世最初下令摧毁许多皇室宅邸，以摆脱之前的政权，但此后他还是修复了这里的宫殿庭院，重现它们原有的辉煌。宫殿本体已经不在了，但是它的很多亭子幸存下来，在夏天的夜晚，整个伊斯坦布尔的人仿佛都聚集在这里。

这个地区布满了成千上万个帐篷，还有一群杂技演员、耍蛇人、吞剑的人、吞火表演者、算命的人和表演戏法的魔术师。灯笼、蜡烛、火把点亮了这些花园，音乐声在空中回荡，烟火时常照亮天空。

卡吉坦花园里最受欢迎的，实际上也是整个城市最受欢迎的，就是戏剧演出，特别是卡拉戈兹（"黑眼"）。这是一种皮影戏，采用骆驼或是水牛皮制成的木偶。影子投射到一块白色的平纹细布屏幕上，一盏油灯从后方照亮这块屏幕。这出戏本身有两个主要角色：一个是卡拉戈兹，一个目不识丁的家伙，愤世嫉俗、好色下流、满嘴脏话；另一个是哈西瓦特，一个受过教育的土耳其人，他的演讲满是诗歌和文学典故。卡拉戈兹不断地以农民的狡黠击败哈西瓦特，但是他想要成为有钱人的计划总是以失败告终。这出戏让卡拉戈兹可以尽情地使用挑逗的笑话、淫秽的动作和下流的性暗示，这些都收获了观众的阵阵笑声。这出戏里其他受欢迎的人物角色还有一个醉汉、一个古怪的侏儒、一个傻瓜、一个鸦片瘾君子和一些卖弄风情的女人。

当戏散场时，你可以漫步穿过那些花园，里面有柏树和花坛组成的整齐小道。它们曾经专属于上层人士，但是现在向所有人开放。多数花园都有喷泉和木制平台装点其中。它们是各种阶层

一个醉酒的年轻男子正在沉睡

的人们聚会的地方，人们在里面散步、泛舟湖上、荡秋千。男人和女人们懒洋洋地坐在草地上，吃吃喝喝，抽着水烟聊着天，或者兴致来了，就弹奏音乐唱起歌，而他们的孩子则在旁边蹦蹦跳跳，荡秋千、爬树。如果你漫步穿过树荫较多的地方，总会遇到恋人们全神贯注于彼此。最好不要看得太仔细；老一辈人会对年轻恋人们正在做的事情感到震惊。正如一位担忧的母亲会直截了当地告诉女儿，"不要去喷泉那边被贝基尔帕夏搞怀孕了。你这样单纯，还未被玷污、清清白白的，不要被夺了贞操"。

不是每个人都有幸可以享受这种奢侈享乐的生活方式。你可能会注意到花园和公园边缘的流动小商贩，他们蹲坐在自己脚跟上，有滋有味地咀嚼着不新鲜的食物，他们的狗在垃圾堆里互相咆哮。他们的娱乐场所叫作比特利（"虱子肆虐"之意）卡吉坦。这些不幸的人当中有一些会动手动脚，你需要留神，因为他们非常擅长扒窃。据说他们甚至曾经闯入苏丹的花园，偷走他的蔬菜。

九 节日、烟火表演和博斯普鲁斯之旅

节　日

　　伊斯坦布尔似乎有过不完的节日。除了宗教节日（见第八章），海军上将出发前往爱琴海旅行也是庆祝的理由，大维齐尔率领他的军队出征春季战役也一样要庆祝。这些节日给人们绝佳的机会穿上他们所有华丽的衣服，在街上散步。商店和咖啡馆一直开到天亮，沿街的一面装饰着鲜花。当你看到挂在宣礼塔之间的灯笼被点亮时，你就会知道一个节日开始了。很多广场竖起四根高高的杆子，上面装点着鲜花、绿植和水果，上方用雨篷覆盖。旁观者喜欢坐在杆子间的秋千上冲向空中。

　　女人们喜欢观看这些盛大的游行，而且她们都有指定的特别观赏位置。但是很多人不理会这些限制，喜欢趁机跑出去四处逛。急于维持秩序的当局者，密切关注她们的行为，制定各种制度来限制她们的穿着。众所周知，苏丹下令提前结束一个节日，因为它被认为太有挑逗性。

　　土耳其人几乎像喜欢节日一样喜欢精彩的游行。这些游行由军队和行业公会举办，常常安排在宗教节日期间。那些庆祝苏丹家族成员诞辰、割礼或者婚礼的节日更加令人瞩目。它们通常持续四到五天，在托普卡帕宫的山上或者金角湾沿岸举行。游行伴随着持续不断的音乐声；土耳其人最喜欢的莫过于乐队，乐手们投入地演奏三弦琴、芦笛、齐特琴和各种鼓。

　　大多数节日的主要特色之一就是，土耳其人有表达他们热爱运动的机会。常常持续4个小时的摔跤比赛非常受欢迎，但是射箭比赛就没有以前那么常见了。你更可能看见马术技巧表演，这方面土耳其人都很擅长。

很多节日是季节性的。传统上，3月21日被认为是春天的开始，苏丹会在这时给他最宠爱的人送礼物。5月6日是纪念希齐尔[1]的节日，伊斯坦布尔庆祝其作为地中海海军之都的地位。在一众小船的陪衬下，海军舰队的大船迎着土耳其乐队的音乐声和岸边要塞的大炮轰鸣声，从金角湾下游的军火库起航。在前往爱琴海之前，船长们会在托普卡帕宫墙上的亚丽亭受到苏丹的接见，在爱琴海地区他们从不同的岛上收取租金。

为了庆祝节日，城里的屠夫们被允许屠宰羔羊，它们是非常受欢迎的美味。当地人出发去乡下享受假期，你会看到欧洲和亚洲的甜水河区域，人们成群结队地享受着野餐，空气中弥漫着肉饭和包心卷的香味。

王子的割礼

很多节日都是为了庆祝皇家的重大事件：苏丹登基、苏丹儿子们的割礼、苏丹女儿们的婚礼。如果你足够幸运地亲身经历这些欢乐的活动，你会被震耳欲聋的大炮声吓到；土耳其人似乎在找各种借口发射这些武器，尤其是军事胜利，或者甚至是一艘船经过托普卡帕宫。有一位对此不满的评论员指出，喧闹声都让"天堂的双眼失明、双耳失聪"。

苏丹儿子们的割礼被视为非常特别的活动。1582年，穆拉

---

[1] Hizir，土耳其古老的神。

德三世宣告庆祝割礼的节日应持续 52 天。就在 1720 年，艾哈迈德三世的其中四个儿子举行割礼，两个侄子结婚，庆祝活动持续了 15 天。你可能会遇到年长的本地人，当他们描述美丽的焰火表演和被照亮的模型时，眼里都闪着光。那些模型有一些形状很奇特，例如一些龙沿着金角湾轻快地游动，从正在木筏上观赏的苏丹面前经过。节日里最壮观的表演是一辆马车在停靠博斯普鲁斯海峡的船只桅杆之间的钢丝上行驶。

在岸上，街上满是杂技演员、魔术师、走钢丝的人、摔跤手和跳舞的吉普赛人，到了晚上，成千上万的人聚集在一起观看流行的皮影戏。急于表示忠诚的行业公会怕被抢了风头，制作了精致生动的行业场景，在运货马车或是移动舞台上展现。令人难忘的有被吹玻璃的工人团团围住的玻璃炉子，里面在烘焙咖啡豆的四轮马车，这些都代表了跳蚤市场的商人。作为庆祝活动的一部分，苏丹批准组织了一个全天的宴席，穷人和饥饿的人可以在那儿尽情地吃饭。这些感恩的民众要吃掉约 1 万盘用藏红花染色的米饭。

如果你在伊斯坦布尔

节日期间，一群人观看杂技演员和小丑的表演

期间有机会见识皇室割礼之后的场景，最好是去竞技场，那里往往是庆祝活动的中心场所。你周围的主要建筑都会披上奢华的装饰。走钢丝的人将沿着两座方尖碑之间的绳子行走，也烘托着节日的气氛。

庆祝活动中最特别的一环就是向苏丹献礼，这些礼物包括异域的动物，例如长颈鹿和大象。所有礼物中最令人难忘的是人造树——一些木制的杆子象征年轻王子的生殖器（更理智的一些人喜欢强调它们实际上象征着出生、繁殖和重生）。这些杆子上装饰着蜡制的水果、花朵和发芽的叶子，由最好的工匠们悉心打造。

众所周知，当地人急于表明他们的忠诚，让他们的儿子也在同一时间行割礼。他们这么做部分是因为穆斯林的习俗，即当一个富人给他的儿子行割礼时，他很可能愿意慷慨地为他贫穷的邻居支付费用，让他们的儿子享有同样的荣誉。

作者按语

本书的背景为1750年的伊斯坦布尔。虽然一些大旅行家的引文是在之后稍晚的年代，但是我已经努力让所有内容和这个时间保持一致。我要特别感谢菲利普·曼塞尔、诺曼·斯通和亚历山大·德格鲁特提出的建议，感谢本·普拉姆里奇出色的编辑工作，以及所有泰晤士和赫德逊工作人员的帮助。我将本书献给我的儿子尼克和乔治，他们尽最大努力不在宣礼官清晨的召唤中醒来，而且尝试着用智慧打败大巴扎的售货员，但是最后都失败了。

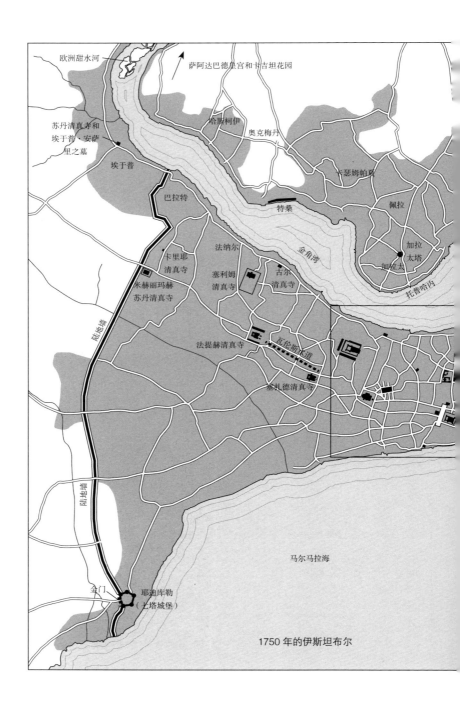

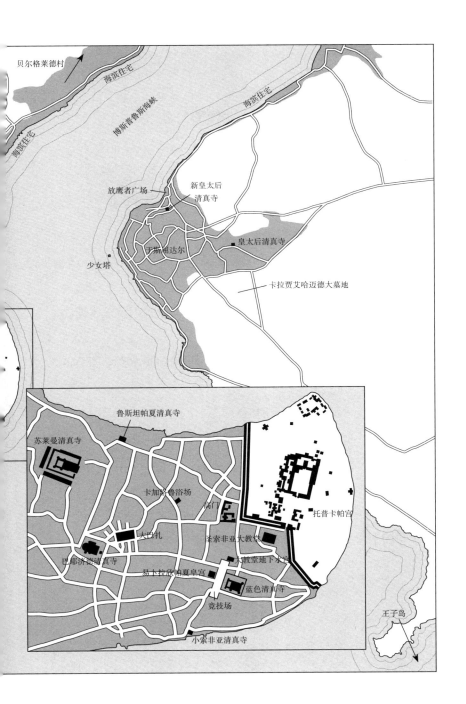

彩色插图来源

彩图七　伊斯坦布尔考古博物馆

彩图八　牛津大学阿什莫林博物馆

彩图十五　大英图书馆，伦敦

彩图六　大英博物馆，伦敦

彩图一　达格利·奥尔蒂作品集／土耳其及伊斯兰艺术博物馆，伊斯坦布尔／艺术档案馆

彩图四　吉安尼·达格利·奥尔蒂／伊斯坦布尔大学图书馆／艺术档案馆

彩图十　索尼娅·哈利迪摄影作品

彩图三　美国国会图书馆，华盛顿特区，LC-USZC4-1186

彩图十三　卢浮宫，巴黎

彩图二、十二、十四　东方博物馆，多哈

彩图五、九、十一、十七　荷兰国立博物馆，阿姆斯特丹

彩图十六、十八　托普卡帕宫博物馆，伊斯坦布尔